"中国劳模"系列丛书

数控机床上的"刀锋舞者"：马兵

王 雷 / 著

吉林出版集团股份有限公司
全国百佳图书出版单位

图书在版编目（CIP）数据

数控机床上的"刀锋舞者"：马兵 / 王雷著. --
长春：吉林出版集团股份有限公司，2023.4
（"中国劳模"系列丛书）
ISBN 978-7-5731-3090-7

Ⅰ.①数… Ⅱ.①王… Ⅲ.①马兵－传记 Ⅳ.
①K826.16

中国国家版本馆CIP数据核字（2023）第039527号

SHUKONG JICHUANG SHANG DE "DAOFENG WUZHE"：MA BING

数控机床上的"刀锋舞者"：马兵

著　　者	王　雷	
组稿统筹	东北师范大学文学院创意写作研究中心	
撰写指导	余　弓	
责任编辑	王丽嫒　冯　雪	
装帧设计	刘美丽	

出　　版	吉林出版集团股份有限公司
发　　行	吉林出版集团社科图书有限公司
地　　址	吉林省长春市南关区福祉大路5788号　邮编：130118
印　　刷	唐山富达印务有限公司
电　　话	0431-81629711（总编办）
抖 音 号	吉林出版集团社科图书有限公司　37009026326

开　　本	710 mm×1000 mm　1 / 16
印　　张	9.5
字　　数	100 千字
版　　次	2023 年 4 月第 1 版
印　　次	2023 年 4 月第 1 次印刷

书　　号	ISBN 978-7-5731-3090-7
定　　价	45.00 元

如有印装质量问题，请与市场营销中心联系调换。0431-81629729

　　劳动创造财富，劳动创造幸福，劳动创造未来。习近平总书记在2020年全国劳动模范和先进工作者表彰大会上的讲话中指出："全社会要崇尚劳动、见贤思齐，加大对劳动模范和先进工作者的宣传力度，讲好劳模故事、讲好劳动故事、讲好工匠故事，弘扬劳动最光荣、劳动最崇高、劳动最伟大、劳动最美丽的社会风尚。"当今世界，综合国力的竞争归根到底是科技人才和高素质劳动者的竞争。改革开放以来，我们强大的工人队伍用辛勤劳动和拼搏奉献推动中国制造、中国智造、中国创造走向世界的前列，新时代的中国面貌日新月异。大力弘扬劳模精神、劳动精神、工匠精神，加强高素质技能人才队伍建设，打造一支宏大的知识型、技能型、创新型劳动者队伍是伟大时代赋予我们的历史责任。

　　劳动模范是民族的精英、人民的楷模，是共和国的功臣。自改革开放以来，广大职工勇立改革潮头，独立自主，奋发图强，勇于创新，其中涌现出一批批全国劳模和大国工匠，他们参与建设了代表中国高度、中国速度、中国深度的一系列重大工程，提升了国家实力，打造了"中国名片"，树立了"中国品牌"，增添了"中国力量"，充分释放出工人阶级的创新活力，展示出大国工匠强大的创造能力。他们以工人阶级的满腔热忱在各自平凡的工作岗位上创造了辉煌的业绩，书写了新时代的壮丽篇章。

爱岗敬业、争创一流、艰苦奋斗、勇于创新、淡泊名利、甘于奉献的劳模精神，崇尚劳动、热爱劳动、辛勤劳动、诚实劳动的劳动精神和执着专注、精益求精、一丝不苟、追求卓越的工匠精神，是广大劳动群众在社会生产实践中锤炼形成的弥足珍贵的精神财富，是工人阶级伟大品格的具体体现，是民族精神和时代精神的生动体现。民族复兴需要劳动模范，祖国强盛需要大国工匠，中国制造、中国智造、中国创造更需要大国工匠的强有力支撑。劳模、工匠等的成长故事、先进事迹中承载的劳模精神、劳动精神和工匠精神，是激励全国各族人民团结奋斗、勇往直前的强大精神力量。

"中国劳模"系列丛书，采用图文结合的方式，讲述全国劳模、大国工匠和先进工作者的成长经历及他们追梦、筑梦、圆梦的故事，用他们在平凡岗位上创造不平凡业绩的真实故事感染读者，形成劳动最光荣、劳动最崇高、劳动最伟大、劳动最美丽的社会风尚，引导广大技术工人和青少年形成劳动光荣、技能宝贵、创造伟大的观念。

"匠心筑梦，强国有我。"新时代是万象更新、生机勃勃的时代，也是一个继往开来、创新创业和建功立业的大时代。希望广大读者能以劳动模范为楷模，以大国工匠为榜样，立志技能报国、技术强国，踔厉奋发，勇毅前行，锤炼思想品格，汲取劳动智慧，勇于担当、勤于钻研、甘于奉献，为推进新型工业化和乡村振兴，加快建设制造强国、质量强国、航天强国、交通强国、网络强国、数字中国、农业强国，为全面建设社会主义现代化国家贡献青春力量。

中华全国总工会副主席（兼）

中国航天科技集团有限公司第一研究院

211厂14车间高凤林班组组长

2022年11月

马兵，1976年出生，黑龙江齐齐哈尔人，1994年8月参加工作，现任通用技术齐齐哈尔二机床有限责任公司配套分厂马恒昌小组第十八任组长。全国劳动模范，中国共产党第十八次、第十九次全国代表大会代表，第十四届全国人民代表大会代表，中国工会第十六次、第十七次全国代表大会代表。

马兵的祖父是马恒昌小组创始人、著名开国劳模马恒昌。马兵在30岁之前的人生之路充满坎坷，但他没有仰赖祖父的光环，而是靠着吃苦好学与奉献创新的精神，叩开了通往优秀技术工人的成长、成才之门。

2005年，公司引进第一台数控车床，马兵凭借所学的计算机知识华丽转身，从传统车工转变为小组第一个掌握数控车床技术的新型车工，从此在数控之路上大放异彩。

2006年，马兵被授予"齐齐哈尔市职工学习之星标兵"荣誉称号。

2007年被授予"齐齐哈尔市劳动模范"荣誉称号。

2009年被授予"黑龙江省五一劳动奖章""黑龙江省劳动模范"荣誉称号。

2010年被授予"全国劳动模范"荣誉称号。

2011年荣获中国通用技术集团转型升级突出贡献奖。

2013年被授予中国通用技术集团"优秀共产党员"荣誉称号。

2014年被授予中国通用技术集团"身边的楷模"荣誉称号。

2021年被授予中国通用技术集团"优秀党务工作者"荣誉称号。

2021年被授予"龙江工匠"荣誉称号。

2022年被授予"龙江技术能手"荣誉称号。

此外，马兵带领小组多次参加全国班组建设经验交流会，该小组荣获国务院国资委"百名先进班组标杆"和全国总工会"工人先锋号"荣誉称号。

目 录

第一章　垂髫·种子

祖父的名字被写入工作报告

太阳初升，明媚而温煦。

辽阔的东北黑土地，进入5月，春天才真正开始，万物正在复苏。

这时的天空，瓦蓝瓦蓝的，虽不及秋季高远，却十分明朗。几朵白云淡淡的、薄薄的，随轻风而来，又随风慢慢地消散。

2022年5月17日这一天，黑龙江省总工会十二届委员会第二次全体会议在哈尔滨市召开。外面柳绿花香，会场庄严肃穆，代表们大多身着深色正装，每个人都目光庄重、神情泰然。

代表们面前的桌子上，都摆放着一份"总工会工作报告"，他们时不时地翻阅，又时不时停下来细细地体会。

一位代表正在认真地阅读，突然，他的目光停留在几行文字上面，随即嘴角微微上扬，露出自豪而坚定的笑容。注视了很久之后，他随手拿起旁边的黑色签字笔，在"开展'马恒昌小组'好作风宣传活动，推动'马恒昌小组'好作风影响更加广泛"下面画上了一条横线。

他，叫马兵，不仅是这次大会的代表，也是黑龙江省总工会委员，还是中国工会第十六次、第十七次全国代表大会代表，中国共产党第十八次、第十九次全国代表大会代表。马兵之所以特殊标记这句话，是因为报告中的一个名字引起了他的注意。

报告中提到的"马恒昌小组"是一个车工小组，20世纪50年代初，这个英雄集体就闻名于全国，曾带动了一场如火如荼的爱国主义劳动竞赛。

而小组名称中的"马恒昌"正是马兵祖父的名字！

马恒昌，是中华人民共和国第一批全国劳动模范之一，是全国著名先进班组"马恒昌小组"的创始人，作为中国工运著名活动家，曾先后13次受到毛主席的亲切接见。

马恒昌原是沈阳第五机器厂车工一组的一名车工。1948年11月，淮海、平津两大战役打响，此时的沈阳刚刚解放，国民党军队仗着有飞机，隔三岔五就来轰炸。

解放军缺乏反空袭武器，手里倒是有缴获的十几门防空高射炮，但都成了摆设，因为高射炮的核心部件闭锁机被狡猾的敌人给拆掉了，战士们看着几乎等同于废铁的高射炮只能干着急。在当时危急的情况下，修复这些高射炮是对付敌机最好的办法。

因此，制造闭锁机的任务下达至沈阳第五机器厂，马恒昌所在的车工一组临危受命。马恒昌深知任务的紧急，早一点儿生产出闭锁机，前线的战士就会少一些牺牲。没有图纸，没有工艺，他就带着组员按照废旧部分缺失的零件的形状，手工测绘。

当时，马恒昌患了重感冒，高烧不退，身体非常虚弱，但他仍然带病坚持生产。有一次，敌人的飞机前来轰炸，一枚炸弹恰好落在车间外发生了爆炸，厂房窗户的玻璃被震碎，玻璃碎片四

⊙ 上图　马兵在参加会议

⊙ 下图　20世纪70年代，马恒昌在讲解零件制造工艺

下飞散，硝烟、尘土瞬间弥漫了整个车间。可是，马恒昌丝毫没有畏惧，仍然在工位上忙碌，当其他组员喊他先躲一躲时，他坚定地说："早一天完成任务，前方的解放军战士就能少流一点儿血！"

看着他无所畏惧的举动，听着他大义凛然的话语，其他组员们被深深地触动。大家被他的情绪所感染，齐心协力和衷共济，不分昼夜加班加点地生产。困了，他们就咬上几口干辣椒提提神；乏了，他们就靠在机床上打个盹儿；饿了，他们就啃上几口冰凉的干粮充充饥。谁也不肯回家休息，谁也没有叫过一声苦。

制造闭锁机需要工装卡具，厂里的游标卡尺测量精度不够，马恒昌就连夜坐火车回到老家，把家里压箱底儿的宝贝千分尺取回来。千分尺的测量精度能够达到0.01毫米，在当时是个稀罕物，它的价值在当年可以换回全家人一年的口粮，而马恒昌把它送给了工厂。"这个千分尺，当年家里有人快要饿死了，父亲也没舍得拿出来卖掉。"马恒昌的儿子、马兵的父亲马春忠回忆道。

就这样，车工一组提前五天完成了闭锁机的生产任务，高射炮恢复了战斗能力，有效地反击了敌机的轰炸破坏。马恒昌小组为保卫沈阳、保卫胜利成果立下了战功，受到了东北军区和东北工业部的表彰奖励。

马恒昌无私贡献千分尺的行为，掀起了小组、全厂、沈阳市甚至东北地区捐献工装器材的浪潮。在他的感召下，车工一组"乘胜出击"，修复了不计其数的武器，有力地支援了前线战斗，为解放战争的胜利做出了巨大贡献。1949年春，马恒昌加入

⊙ 20世纪70年代，马恒昌（右二）与组员们共同研究精挑丝杠关键技术

中国共产党，并被推选为车工一组组长。

1949年4月28日，车工一组获得沈阳第五机器厂第一面"生产竞赛模范班"流动红旗，并被工厂党组织以"马恒昌"的名字命名。从此，马恒昌就与马恒昌小组合为一体。

而70多年后的今天，马兵已继承了祖父的衣钵，成为马恒昌小组第十八任组长多年。

"我爷爷的名字被写进工作报告，我感觉很光荣、很自豪，这更坚定了我当好马恒昌小组精神传承人的信心。"马兵自豪地说。

其实，这并不是"马恒昌"这个名字第一次被写进工作报告，早在召开于这次会议前半个多月的黑龙江省第十三次党代会上，这个名字就曾出现在工作报告中。当时，马兵作为代表参加分组讨论。作为全国劳动模范，他结合党代会工作报告畅谈了关于新时代产业工人如何更好地在振兴东北老工业基地的过程中发挥作用的看法。

"当时我还讲了一些我们'马组'的往事，特别是爷爷留下的那句'喊破嗓子，不如做出样子'。"马兵回忆说，这些内容引起了与会代表的强烈共鸣。

让马兵没有想到的是，在闭幕会上通过的修订后的黑龙江省第十三次党代会工作报告，增加了这样一句话：

着力培养卓越工程师和高技能人才，大力发扬"马恒昌小组"好作风，造就一批"大国工匠"。

"爷爷的名字出现在党代会和工会的工作报告中，不仅是一种骄傲，更是一种激励，让我不仅感到了自豪，更是明白了一个道理：老一代产业工人留下的宝贵精神财富，到今天依然没有过时。"马兵激动地说，"下一步，我们马恒昌小组将在继承前辈光荣传统的基础上，以技能提升、科技进步扛起机床行业的大旗，用品质服务引领美好生活。"

敲锣打鼓迎接的是祖父

1950年，马恒昌被授予"全国劳动模范"荣誉称号。

2010年，马兵也获此殊荣。

六十年，一甲子，祖孙同为劳动模范，这是两位隔代人的时空对话，最好地诠释了劳模精神的传承。如今，马兵从祖父的手中接过了接力棒，作为马恒昌小组的第十八任组长，继续发扬着马恒昌精神，弘扬着劳模精神。

马恒昌小组原是沈阳第五机器厂一个生产班组，1950年10月，随第五机器厂的部分班组和车间迁到齐齐哈尔市。迁到齐齐哈尔的这部分企业更名为齐齐哈尔第二机床厂，2008年加入中国通用技术（集团）控股有限责任公司，改名为通用技术齐齐哈尔二机床有限责任公司（以下简称齐二机床）。齐二机床的马恒昌小组一直是我国工业领域的一面旗帜。

走进齐二机床的大门，可见小广场上立着一尊黑灰色铜制半身雕像，解放帽、工作装，面带微笑，尤其是胸前握紧的右手，似乎仍然在告诉厂里的职工要砥砺前行、不断奋斗。铜像下方的古铜色浮雕，生动地再现了马恒昌和同事们工作时的场景。大理石的底座上，"马恒昌"三个金色大字苍劲有力，与下面时有摆放的红色鲜花交相辉映。这尊雕像，仿佛在告诉世人，马恒昌的精神仍然在激励着这里的每一位工人。

在厂区的北侧，有一栋两层楼房，米色的楼体外观，欧式的建筑风格，这里是马恒昌小组展览馆。马恒昌小组展览馆曾三易馆址，为适应新的需要，齐二机床于2004年投资新建展览馆，新馆面积470多平方米，内设介绍马恒昌、马恒昌小组以及在马恒昌小组精神鼓舞下齐二机床人的创新和发展等内容的多个展区。展览馆收藏历史照片300多张和历史实物300多件，向参观者系统、翔实而生动地展现了马恒昌和马恒昌小组成长、发展的过程，以及他们在不同时期对我国工人运动做出的贡献。

马恒昌小组车间，墙面上白底蓝字"喊破嗓子，不如做出样子"的标语格外显眼，这是马恒昌当年时常挂在嘴边的一句话，也是"马组"成立70多年来的座右铭。"这是我的爷爷对接任者说的话，被一任一任传下来，现在我们小组每个人都要秉承这个理念。"马兵说。

1950年9月，在庆祝中华人民共和国成立一周年前夕，新中国成立以来第一次全国工农兵劳动模范代表会议召开。会上，马恒昌代表小组向党中央和毛主席汇报工作，向代表们介绍民主管理

⊙ 齐二机床马恒昌的铜像

和开展劳动竞赛的经验，受到代表们一致欢迎，得到中央领导的充分肯定。马恒昌小组被评为全国劳动模范小组——"生产战线上的模范"，马恒昌本人被评为全国劳动模范，成为光荣的开国劳模。在国庆招待会上，马恒昌被推举为工人阶级代表向毛主席敬酒。

1985年，马恒昌去世，那一年，马兵只有九岁，他对祖父的记忆并不多——只有五六年的样子，但就是这有限的相处时光，祖父的精神却在他那懵懂的心灵深处种下了一颗隐形的种子。

小马兵还在上幼儿园的时候，对祖父的工作和事迹还不甚了解，即使听到父母时常谈起祖父以及和他工作相关的内容，也似懂非懂。不过，有一个场景，马兵一直记忆深刻。

在马兵的记忆中，已经七十多岁高龄的祖父，经常要到外面开会，每次回到齐齐哈尔，无论是酷暑严寒，还是雨雪风霜，总会有男女老少一大群人，等候在火车站的月台上。记得有一次，他们拿着锣鼓，举着自制的标语牌，不时踮着脚望向火车驶来的方向，脸上洋溢着敬佩与期盼的神情。小马兵也在这等候的人群当中，但他并不是贪玩来凑热闹的，他有一个重要的任务——打鼓！

这支队伍是祖父所在的齐二机床组织的欢迎队伍，因为祖父又获得了表彰。

"呜——"随着 声汽笛长鸣，烟雾缭绕中，一辆象征着那个年代的绿皮火车缓缓驶入站台，当火车停稳时，人群也随之沸腾。虽然正在上幼儿园的小马兵还不是很理解大人们兴奋的原因，但很显然，他幼小的心灵也被这热烈的气氛所感染，依稀觉得"爷爷是个了不起的人"。

"当时不懂什么是劳动模范，就知道爷爷回来了，爷爷身上戴着大红花，走出来的时候，我的心情也非常激动，感受到了光荣。"马兵至今记忆犹新，"当时我是打鼓的，因为迎接的不是别人，是我的爷爷，所以我打鼓打得特别卖力。"

马兵回忆说，从那以后，在街头巷尾，他时常会听到街坊邻居、师长亲朋谈论祖父，从他们的语气和神色当中，他感受到了大家对祖父的敬重。

1950年，马恒昌戴着大红花，捧着荣誉证书，斜挂的绶带上印着"劳动模范"四个大字。六十年后，这个装束在马兵身上再现。

2010年5月1日，马兵被中华人民共和国国务院授予全国劳动模范称号。作为马恒昌老劳模的孙子，马兵获得这个荣誉后激动万分，回到公司后在马恒昌铜像前拍照留念。

"六十年前，您当选为开国劳模，受到毛主席的亲切接见。"马兵在内心深处对祖父说着，"当年，您是我的骄傲；如今，我是您的骄傲！"

树上的樱桃我们不敢吃

仲夏时节，天气炎热。马兵祖父家小院里的一棵樱桃树上，果实像被火烤了一样，变得火红火红的，从远处望去，就像一颗颗红玛瑙镶嵌在绿色的翡翠上，在湛蓝色天空的映衬下，显得格外诱人。

每到这时，放了暑假来到祖父家里的小马兵和兄妹们，就沉醉在这浓浓的果香当中，眼巴巴地望着那一树火红，想象着那酸中带甜的味道，甚至能够听到彼此咽下馋涎的声音。

"看到樱桃红了，没有人敢动，如果有人趁谁不注意，偷着摘下来，那不行，轻的就是挨骂，重的就会挨揍。我们得等着爷爷回来，给我们讲忆苦思甜的故事，讲解放军英勇战斗的故事，讲他的童年故事，然后才能吃樱桃。"马兵回忆说。

二十世纪七八十年代，物资匮乏，家里这棵樱桃树承载了小马兵等几个孩子对水果强烈的渴望。但是，在马兵的印象里，祖父就是这么严厉，他们想品尝樱桃的"甜"，必须听他回忆过去的"苦"。

吃过晚饭，祖父就搬着一把小木凳放到院子里的方桌旁，正襟危坐，仿佛是公堂之上的铁面判官。孩子们也各自搬来板凳围坐在方桌旁，托着腮帮，仰着小脸，认真地听祖父讲他的真实经历。

"讲他以前经受的苦难的故事，比如说他小时候给地主家放牛，但是他没有鞋子穿，即便是有鞋子，也是用芦苇编的那种鞋，冬天他也穿着那样的鞋，东北的三九天很冷，牛刚排泄完的牛粪是热乎的，他就把脚插到牛粪里取暖。"

祖父讲这些故事的目的是让孩子们懂得勤俭节约，珍惜来之不易的生活。马兵那个时候年龄小，听着发生在遥远时空的故事，虽然理解得不是很深刻，但从祖父那严肃的表情和严厉的态

⊙ 马恒昌（二排右二）的全家福

度中，他依稀能够感受到祖父的良苦用心。"要神情专注，要认真地听进去，如果你的表情不够严肃，那你都会挨收拾的。"马兵至今还记得祖父的严苛。

在孩子们听故事的时候，祖母早已按照祖父的吩咐，摘下了满满一盆樱桃。祖父讲完故事，孩子们就能去吃樱桃了。对于平时基本上没有什么水果可吃的马兵来说，这樱桃的"甜"，刻骨铭心。

"对苦的理解，那时候年纪太小，只能懂一点儿，毕竟没有亲身经历过一些苦难，但是对这个甜记忆深刻，那绝对是非常地甜。我们小时候，一般情况下当水果吃的基本上就是胡萝卜、大萝卜一类的，樱桃和这些东西一比，那是非常非常甜。"

现在，马兵在吃樱桃的时候，就会不自觉地想起小时候这段往事，想起祖父讲过的故事。在怀念儿时那段生活的同时，他也会趁机给自己的孩子讲上一段，同样想教育孩子要珍惜现在的幸福生活。

马兵的祖父家是平房，有一个很大的院子，每个周末，他都会跟着父母去祖父家，但他说，他并不愿意去，也是因为祖父的严厉。

在马兵的记忆中，祖父的表情向来都很严肃，他从来没有看到祖父在家里笑过，甚至孙辈犯了错误，其父母也要受到牵连。

有一次，祖父从外地回来，放下包就去单位了。好奇的小马兵看到祖父的包，以为祖父能给他带回来一些好吃的东西，就打开来翻看，可没想到包里竟然只有一个铁片和一些铁块。顽皮的小

⊙ 2019年，马兵在操作数控机床

马兵就拿出了里面的铁片和铁块，到院子里面去挖泥土玩儿。

小马兵玩儿得正高兴，祖父回来了，看到他拿着"铁片"和"铁块"在挖泥土，顿时紧皱眉头，眼睛瞪得老大。祖父大发雷霆，走到他身边吼起来："这是刀具和量具，不是玩具！"小马兵当时并不理解那些工具对于爷爷的意义。

不仅如此，祖父还当即找来小马兵的父母，连带着一起批评。"他认为孩子犯了错误是父母的责任，是父母没有教育好孩子，把我父母也批评了。因为这件事儿，回家后我被罚靠墙站两个小时，记忆很深刻。他对待家人很严厉，当时我也非常不理解，认为他不是一个好爷爷。"

这个芥蒂在马兵心里很久没有消除，直到许多年后，马兵进入齐二机床当上车工操作起刀具的那一刻，他才真正明白当时祖父为何会勃然大怒，自己儿时偷偷玩儿的铁片和铁块，就是车工的"宝贝疙瘩"，它蕴含着每一位车床工人深切的情感。

"因为工人手中的刀具和量具，就像战士们手中的枪一样，非常重要。"现在的马兵这样理解，"等进入工厂以后，我从同事们的嘴里了解到了一个全新的爷爷。他们说，无论是谁，遇到困难、问题、烦心事，都愿意跟我爷爷去讲，我爷爷一定会热心地去帮助他们。"

现在的马兵感受到，那个时候祖父严厉的外表下深藏着的一种不可名状的精神，在他心里埋下了一颗种子，而这颗种子，终将发芽成长。

而种子要长成参天大树，风雨似乎不可或缺……

第二章　总角·风雨

没有书包的小学生

1984年，八岁的小马兵开始了小学生活，到齐二机床的子弟小学"二厂二小"读书。二厂二小那时是一溜儿平房校舍，泥土地的操场上，竖着两个足球门和一对篮球架，都是木头材质，虽然简陋，天真的孩子们却不以为意，下了课就在这里尽情地奔跑玩耍。

马兵家距离学校并不远，走路也就十分钟左右，可他清楚地记得，第一次踏上那条路时，他走得异常艰难。

上学的第一天，同学们背着书包，或父母陪伴，温馨幸福；或三五成群，有说有笑；即使独自一人，也雀跃而行。而小马兵的脚步有着与他年龄不符的沉重感。因为上学了，别人都有新书包、新文具，他却是两手空空的。好多孩子是父母送去学校的，送他上学的却是邻居家的姐姐。

"有很多东西需要家长去准备，我上学的第一天，什么也没有。"马兵现在回忆起来，似乎还很心酸。

马兵的父母三十岁左右结婚，在那个年代算是晚婚，第二年，马兵的哥哥出生，又十二年之后，马兵才来到这个世界。等到马兵上学的时候，父母已五十岁左右。这时的母亲身体不好，需要常年在外地治病，要么在哈尔滨，要么在北京，父亲作为陪护，一直陪伴着母亲照顾她，出去一次常常就是两三个月，就算他们回到家里，不久之后又要离开。此时，马兵的哥哥已经二十岁，参加了工作，基本也没有时间照顾他，所以马兵只能求助邻居家的姐姐把他送到学校。

马兵走进教室，同学们的书桌上整齐地摆放着新文具。看着他们初入学堂的好奇和开心，小马兵是自卑的，他不敢过多地去注视新同学，只能怯生生地走到自己的座位坐下，将头深深地低下去，恨不得钻进书桌膛。

这时，一道温暖的目光注意到了他，一个人轻轻地向他走来，柔声问："同学，你叫什么名字？"

"马兵。"马兵的声音很小，他依然不敢抬头。

"你为什么一直低着头啊？上学了不开心吗？"

马兵的头垂得更低了，他的眼泪在眼圈里打转。

走过来询问马兵的就是他当时的班主任——徐艳华。虽然那时距离现在已经快四十年了，马兵依然清晰地记得这个名字。在马兵的记忆中，那时的徐艳华老师大概三十岁的样子，和他谈话时一脸的和蔼。

徐艳华老师看到他默不作声，就把他单独领到了办公室，没有了同学们的围观和注意，他就和老师说出了实情。

"当我们的班主任了解到我的情况以后，给我买了书包，买了文具盒，而且里面的铅笔、橡皮、格尺等学习用的东西都是非常全的。"马兵回忆起这位曾经悉心关怀过自己的老师时这样

⊙ 马兵（右）与同事检测零件加工精度

说，"当时我非常非常感动，但是岁数小，也不会去表达一些什么话语，只是说了句'谢谢'。"

在接下来的日子里，徐艳华老师对马兵格外地关注，小到削铅笔，大到学习习惯的养成，她都会帮助小马兵。有一天中午，离家近的孩子都回家吃午饭去了，几个带饭的孩子也正在教室里吃饭。马兵无聊地坐在座位上，时而和同学说几句闲话，时而又看看窗外，他的肚子早已饿得"咕咕"叫了。

这时，徐艳华老师走进了教室，站在讲桌旁扫视了一圈教室，目光停在了小马兵的身上。"马兵，你怎么不回家吃饭？带饭了吗？"徐艳华老师疑惑地问。

小马兵听到老师这么问，脸瞬间变得通红，恨不得找个地缝儿钻进去，因为他没有带饭，哥哥也不在家，即便回家，家里也没有人给他准备午饭。徐艳华老师看到小马兵的反应，一下子明白了其中的缘由。

"马兵，你和老师去办公室。"为了不伤害小马兵的自尊心，徐艳华老师带着他离开了教室。小马兵不清楚老师要做什么，只能默默地在后面跟着她。

"到了办公室之后，她拿出饭盒，将自己带的饭分给我一半，让我吃。"现在的马兵依然清晰地记得那个场景，他几乎是含着泪花吃完了那顿饭。从那之后，徐艳华老师总是会多带一点儿饭菜分给小马兵。"老师还经常问我家里的一些情况，关心我，她不仅尽到了老师的责任，还像家人一样关心我。"

在马兵的记忆中，徐艳华老师只教了他两年，就被调到了其他学校。"现在近四十年的时间过去了，不知徐老师身体怎么样，过得如何。"马兵一直惦念着这位老师。

前些年，马兵也曾试着寻找这位老师，小时候的他不善表达，没有更多的感谢之词，现在他想表达一直埋在内心深处的感激之情。但这似乎成了一个永久的遗憾，因为他曾经就读的那所小学在很多年前就已经解散，马兵曾问过熟人或者托人打听，都没有得到关于徐艳华老师的任何音讯。

徐艳华老师对小马兵的关爱，以及其他老师对他的帮助和鼓励，还有邻居送自己的孩子上学时顺便对他的接送……这点点滴滴，无疑给马兵那时缺失父爱和母爱的心灵带来了温暖，也让他日后在自己的人生道路上，懂得真诚地去帮助别人。

去邻居家"要"饭吃

夏秋季节，一个六七岁的少年，手里拿着一个窝窝头，走进农家小院的菜地里，拔出一根大葱，三下两下撸去大葱上粘着泥土的表皮，一口窝头就着一口大葱吃下去……

这一幕，如果发生在现在，更多地可能是接近自然、体验田园、返璞归真的体现，但在马兵小时候，他却是不得已而为之。

马兵十三岁之前的一段时间，他的父亲陪伴母亲常年在外求医。那时大他十二岁的哥哥也已经参加工作。那段日子，马兵的日常生活主要依赖哥哥，但那时刚成年的哥哥也不会炒菜做饭，只会煮面条，两人每天只能这么对付着吃上一口，就这样对付了三年。

"我跟我哥吃挂面吃了三年，把面条煮熟了，用点儿酱油和醋一拌，就那么吃，一天三顿都是面条，吃了整整三年。"

哥哥在家，小马兵还有面条可吃，可哥哥难免因为加班而不回家，这个时候，吃饭的问题，他就只能自己想办法解决。

"有的时候他赶不回来，不能给我做饭吃，我就只能到邻居家去'要'饭吃。"

小马兵犹豫着第一次敲开邻居家的门，邻居家里家人围坐，正在吃午饭。看到这一幕，他演练了好几次的"台词"却难以启齿，只能盯着邻居家的饭桌。邻居家的女主人首先打破了尴尬："马兵，你哥哥没回来是吧？没事的，进来一起吃饭吧。"

小马兵没动，而是在喉咙里咕哝了一句："大娘，给我个窝头就行。"说着就低下了头。

邻居也能够理解小马兵的心情，就转身进屋拿了两个窝头和一些咸菜给他。接过食物，马兵小声地说了一句"谢谢"，转身就走。

"吃'百家饭'的事儿我干了好多年，回来之后家里没人，就到邻居家，这个邻居家没人，再上另一个邻居家，时间长了，邻居们都知道我家什么情况，直接就拿给我。但是我并不会坐到邻居家的桌子上去吃饭，而是去要一些能够用手拿着带走的饭。比如窝头、咸菜，有的时候还有发糕，一个不够吃，就要两个，

⊙ 2013年，马兵参加劳模疗休养活动

然后在路边的菜地里，拔一棵大葱，直接就一口窝头一口大葱地解决一顿饭了。"

起初，遇到小马兵在饭口来敲门，热心的邻居也会热情地邀请他坐到饭桌旁一起吃饭，但每一次小马兵都会拒绝，他认为那不是他的家，邻居给他一口吃的，他就已经很感激了。

转眼到了冬季，北方的冬天漫长而寒冷，这让小马兵的生活更是雪上加霜。他从邻居家出来，两只冻得通红皲裂的小手捧着刚刚要来的窝头，趁着热乎他赶紧咬上两口，可还是没有冷风的速度快，等他咽下去这两口，手里的窝头已经被吹得冰凉。

"很快就凉了，也没有大葱就着吃了，那也无所谓，不然没有吃的。"冬天很长，小马兵很苦，但马兵现在说，那个时候他并没有过多地觉得自己生活不易，可能这就是孩子与成人的区别吧！

小马兵最期待的是每年的四五月份，这个时节，路边的老榆树上，鲜嫩的榆钱儿挂满了枝头。如果是现在，信手撸一把榆钱儿放入嘴中咀嚼，更多的是好奇，更多的是为了咀嚼一份"新鲜"。但对于那个年代的马兵来说，榆钱儿是能够充饥的，而且在常年吃面条、窝头的他看来，吃榆钱儿相当于开了小灶，改善了伙食。

"有时候好几个邻居家都没人，我就爬到树上去撸点儿榆钱儿——肉很厚，甜甜的，很好吃。多吃点儿，又是一顿饭。"

小马兵爬上高高的树杈，撅下几根长满榆钱儿的树枝，撸下一把嫩嫩的榆钱儿放进嘴里嚼着，一股清香带着淡淡的甜。虽然吃榆钱儿很难吃饱，吃了它也很快就会饿，但是，或许是贪恋它的"甜"，小马兵依旧冒着危险爬到树上去，吃上一会儿，再下来。

马兵说，当时他的家庭条件非常困难，他就是这样吃了三年"百家饭"，正是有这么多的人帮助他，他才能平安地度过那段艰苦的时光。如今回想起来，已经物是人非，曾帮助过他的人很难被找到，但那段经历让现在的他也在努力地去帮助需要帮助的人。

"我们小组有个组员，患了鼻咽癌，我接触的人比较多，就去帮助他寻找医生，帮助他寻找一些治疗的方法，帮助他去解决现实中的问题。"

当提到自己帮助别人的事情时，马兵总是轻描淡写的样子，他觉得这并没有什么，微不足道，他只是做了一点儿力所能及的事情，不确定能帮得上忙，但求曾受到过很多人帮助的自己问心无愧。

从马兵的回忆当中，我们还能够感受到，小时候的他是个倔强的孩子，也可能正是这份骨子里的倔强和那颗感恩的心，让他在后来遇到风雨之时，能够保持一份善良，拥有一股韧劲，坚持不懈，披荆斩棘，逐光而行。

母亲、父亲和哥哥

"现在一看，我是一个胖子，其实我这个胖呢，并不是正常地发胖。"马兵带着些许自嘲的语气说。

现在的马兵身材微胖，还算魁梧，可他小的时候并不是这样的身材。小时候没有得到父母很好的照顾，吃饭一般都是东家一口西家一口，饥一顿饱一顿不说，营养也跟不上，身体就出现了营养不良的状况。"当时可以说非常非常瘦，皮包骨。"马兵说。

在马兵十三岁的时候，母亲经过长期住院治疗后回到家里。马兵也终于能够吃上母亲做的可口饭菜，身体逐渐好转。但是底子没打好，想要彻底地改善身体条件并不容易。

在某一段时间，小马兵的身体突然发生了变化，非常快地胖了起来。

"我的骨头架子还没有长好，但是肉已经长了很多，身体胖得非常快。家里人都不知道我怎么突然之间一下子就变胖了，都以为是因为妈妈给我做了一些好吃的。"

其实，当时的马兵也并不清楚自己为什么突然间胖了起来，随着年龄的增长、心智的成熟，他渐渐明白了其中的原因。

⊙ 2008年，马兵在参加北京奥运会火炬传递活动

几乎所有的孩子都喜欢甜食，小马兵也不例外。在马兵的记忆中，"甜"这种味觉可能仅仅来自祖父家的樱桃树和村路旁的老榆树。樱桃甜美多汁，可祖父不允许他们随心所欲地去吃；榆树钱儿香甜可口，可鲜嫩期很短不常有。所以"甜"这种味道，对于马兵来说就成了"奢侈品"。一个偶然的机会，好奇心唤起了他对"甜"的贪恋。

马兵的母亲在外地住院治疗出院后，身体仍然非常虚弱，她随身带回家的还有很多种药物。其中一种，精致的包装盒里面是一支支褐色的口服液药瓶。看着母亲每天喝一支，马兵出于好奇，趁父母不在，就偷偷打开喝了一支。

"真的是太甜了！"甜味瞬间征服了小马兵，"因为家里生活非常艰苦，非常困难，小时候也没吃过糖一类的东西，我就发现这个特别好喝，特别甜，于是，我就偷偷地喝这个口服液，有的时候一天喝好几支。"

因为医生给马兵的母亲开了很多种药物，母亲并没有察觉到口服液少了。而这种口服液含有激素成分，不久之后，马兵的身体发生了变化，似乎在很短的时间里，就从原来的"皮包骨"胖了起来。

"我也不敢去说我做的这些事情，直到上班以后，我才敢跟他们说。"马兵也很庆幸，幸好没有发生更严重的后果。

这是马兵童年生活的一个小插曲，不管怎样，有父母在身边的日子，小马兵至少不用再为吃饭的问题忧愁。

马兵的父亲马春忠毕业于哈尔滨师范大学中文专业，先后在黑龙江省委宣传部、齐齐哈尔市委宣传部、黑龙江省文联从事文化宣传工作。母亲陈颖小父亲一岁，先后在哈尔滨市养马场、齐齐哈尔市广播电台、齐二机床工作。

在马兵的记忆中，父母的工作都很忙，常常早出晚归。尤其是母亲，在齐齐哈尔市广播电台工作期间，经常早上4点就要到单位，晚上九十点钟才能回家，加上母亲还有过一段外出求医的经历，所以父母和他们兄弟两人团聚的时间非常少。但即使这样，父母也会像传统的中国家庭一样，在有限的相聚时光里，时常教育他要懂礼貌、讲卫生、重诚信、自己的事情自己做……

在马兵看来，这些事情，本来就是一个孩子应该尽快学会的，很平常，不值得夸耀。和父母相处的时间虽少，但从父母身上耳濡目染学到的品质，才是他受用一生的财富。

父亲在黑龙江省文联工作期间，有一个学生经常通过文联发表文章，父亲和这个学生来往间成了很要好的朋友。但是某一段时间，这个学生突然消失了，直到有一天，父亲在大街上碰到了他。

"碰到的时候，这个学生垂头丧气，很落魄，一问才知道他家里发生了很大的变故，吃饭的钱都没有。我爸领着他去吃了一顿饭，安慰他，然后把身上的三百多块钱全都给他了。"

二十世纪八九十年代，三百块钱并不是小数目，普通工人一个月的工资也就三四十块钱，可马兵的父亲丝毫没有犹豫，全部给了这个学生。也正是父亲的这个善举，改变了这个学生的命运，几年之后，这个学生从外地回来，又找到了马兵的父亲。

这个学生是专门为了感谢马兵的父亲而回来的，他带着礼物和现金——这些现金远远多于马兵父亲当初给他的三百多块钱——激动而真诚地表达谢意，说没有当初马兵父亲的帮助，他不可能有今天，而马兵的父亲只收下了礼物。马兵说这就是自己的父亲，帮助别人从不求回报，祖父也是这样，无私助人是马家的家风。在这种家风中长大，马兵也同样乐于助人。

马兵小时候和哥哥在一起的时间比较多，哥哥外向开朗，马兵内向腼腆。用马兵自己的话说，虽然哥哥大他一轮，兄弟俩有代沟，但两人的感情很好。父母不在身边的那段日子，哥哥更像是新手父母：虽然不会做饭，但能让他吃上一口热乎的面条；虽然经常加班不回家，但是他心灵的依赖。

有很长一段时间，家长会都是哥哥代替父母去给他开，哥哥上班之后还会经常给他零花钱。哥哥还经常给他讲祖父的故事，就连他上幼儿园时加入鼓号队也是受了哥哥的影响。

"哥哥上学的时候，是学校鼓号队的成员，他去火车站敲锣打鼓迎接爷爷，等我上幼儿园，他就跟我讲，说敲锣打鼓去迎接自己的亲人，光荣啊，然后我也给自己定了个目标，我也得进鼓号队。"

父亲的无私助人，母亲的勤奋努力，哥哥的积极上进……这一切伴随着小马兵逐渐长大，那颗深埋在他心底的种子也渐渐萌发……

第三章　束发·萌发

学习"烧锅炉"专业

夏天的夜，宁静而燥热，虫子们躲在角落或草丛里"唧唧""咕咕"地叫着。人们吃过晚饭，纷纷来到院子里，找个小板凳坐下，边聊家常，边摇蒲扇，感受着一丝丝的清凉。

马兵和家人却没有像往常一样到外面纳凉。屋内，昏黄的灯光下，马兵一家人围坐在一起谈论着什么，时而会争执几句，时而又会陷入长时间的寂静。

人的一生会面临很多次选择，而这是马兵第一次真正意义上面对选择。这一年，马兵十六岁，初中即将毕业。上技校，还是读高中？他和父母有了不同意见。

和很多父母一样，马兵的父母也想让马兵和他们有同样的人生轨迹，初中、高中、大学、工作，按部就班地走完自己的人生。可马兵似乎铁了心，一门心思想上技校。

"不想学习了，我就想上技校，进工厂挺好。"经过几轮讨论，倔强的马兵始终坚持。

"进工厂你岁数太小啊，你就应该走学习这条路啊，得有文化呀！"母亲一直试图说服儿子改变主意。

"学习这方面呢，也不是那么特别喜欢，没有心思去学习了。反正就是想上技校了。"

……

上小学时，马兵的学习成绩还算不错，每次考试，都能排在学年前二十名，初中一二年级也能排在学年前五十名，等到了初三，他的学习成绩开始下滑。就是在那个时候，马兵有了考技校、尽早参加工作的想法。

"就是不太喜欢学习了，一心想着上班，并不想继续考高中，所以就在学习方面有了放松。"现在的马兵遗憾地说。

"非要让你上高中吧，不愿意学习也不行，那你就上技校，但你要记住，这是自己选择的路，不管怎样，你也得把它走下去。"沉默了许久的父亲一锤定音，结束了那次家庭会议。

这个时候的马兵长大了，对祖父的事迹有了更深入地了解，那颗在他小时候就深植心底的种子开始发芽。

"小时候听别人讲，我爷爷很厉害，很了不得，我就寻思他能有多厉害。我上初三以后，长大了，爷爷的一些事情在我的脑海里开始有了更深一点儿的理解，我就考虑，学学爷爷干的这个工作也行，当时就想学习车工专业，考技校就是奔着这个专业来的，想要成为爷爷那样的人。"从这时起，成为像祖父一样刻苦学习、钻研技术的优秀车工成了马兵的信念与追求。

1992年，十六岁的马兵初中毕业，考上了齐齐哈尔第二机床厂技工学校。那时是先报到后选专业，第一天去报到，新生大会要填写表格确认意向专业，马兵是奔着车工专业来的，可他把专业目录反复看了好几遍，并没有找到车工专业，他意识到了不妙，心情一下子沮丧起来。

"老师，这里面怎么没有车工专业？"抱着一线希望，他向站在讲台上的老师确认。

"车工专业今年不招学生。"老师的答复就像在马兵头上泼了一瓢凉水，瞬间让他目瞪口呆、心灰意冷，不知再说什么。

眼前表格上的文字由清晰渐渐变得模糊，马兵感到自己的梦想也缥缈起来，没有向往的车工专业，其他专业学哪个已无所谓，马兵就随意选了一个填上——司炉班。

司炉，是指烧锅炉的工人，也就是说，学习这个专业，马兵将来的从业方向大概率是去工厂烧锅炉。但当时的马兵并不是很清楚这个专业是做什么的，等到上了专业课和实操课，他才逐渐明白。

"上课一学，我就回想起来了，就是在我上初中的时候，有一些人穿着工作服，扛着管钳子，到我们教室里，咣咣地把暖气给拆了；自来水漏水了，他们拿钳子来咔咔地拧。我一寻思，我就是干这活儿的。"

时值深秋，马兵一个人漫步在校园里，抬头望天，天高云淡；低头看路，却是满地枯叶。现实与理想的差距，让马兵看不清未来的路：人生的第一次选择就选错了吗？

那段日子，马兵压抑着内心的苦闷，可偏偏这个时候，一些闲言碎语又在他内心的伤口上撒了一把盐："马恒昌的孙子竟然是烧锅炉的，真给马恒昌丢人。"

马兵的自尊心被深深刺痛了，他无法做到不去理会这些议论，整天怅然若失、郁郁寡欢。父亲察觉到了儿子的反常，把他叫到身边。

"最近怎么了？像丢了魂儿似的。"

"我学的那个司炉专业就是烧锅炉、修水管的，我可能当不了车工了。"

"爸还是那句话，路是你自己选的，就得靠你自己，你就是咬着牙，也得坚持着走下去。"

任何人都会有烦恼，烦恼并不可怕，可怕的是沉溺在烦恼里不能自拔。马兵当然也没有很容易从烦恼中走出，但是他没有沉溺进去，听了父亲语重心长的话，经过一段时间的调整，失落了一阵子的马兵走了出来。

"对！路是自己选的，反正上了技校，司炉班就司炉班呗，也没其他地方可去，以后再找机会。"马兵放下包袱，这样答复父亲，他也暗下决心，"我一定要干出个样儿来！"

既来之则安之，马兵从听好每一堂课开始，认真学习司炉技能。随着学习的深入，他发现，烧锅炉并不是外界理解的"在锅炉房里看着，适时地添煤"那么简单。司炉工不仅要懂得常规锅炉的规格、型号、构造、特性等理论知识，还要掌握锅炉的启停、保养的操作流程以及压力表、水位计、安全阀等重要部件的故障检修知识。逐渐的接纳，让马兵慢慢对司炉专业产生了兴趣，但在学习过程中，尤其是对理论知识的学习，马兵感到些许吃力。

"当时觉得自己的文化水平还是很低的，然后就开始加强学

⊙ 2018年9月，马兵在北京人民大会堂参加庆祝新中国成立69周年国庆招
待会

习，我上初中都没得过三好学生，上技校我竟然得了学校的三好学生。"说到这里，马兵笑了起来，"现在回想起来啊，父母劝我的都是很对的，文化很重要！"

成为一名水暖工

1994年8月的一天，马兵走进了齐二机床的大门，这里是他的祖父马恒昌曾经工作的地方，以祖父的名字命名的"马恒昌小组"就在这个工厂内。

他激动，但更多的是忐忑。他距离自己的梦想又近了一点儿，但那个梦想，似乎又遥不可及。

在齐齐哈尔第二机床厂技工学校司炉专业学习两年之后，马兵被分配到齐二机床动力处维修班组。作为实习生，他主要的工作是跟着师傅对用户家里的供暖和上下水系统进行维修和养护。

"工作性质呢，就是两班倒，一天白班，一天夜班，一天休班，那几年大年三十晚上，我都是在单位度过的。"

虽然之前做了很充分的心理准备，但是当真的从事起"司炉"这一岗位，马兵一时间还是很难接受。没有希望，看不到方向，是他那时最大的感受。

"刚一上班，该工作的时候工作，下班了以后，没别的事，就是跟同事啊、同学啊一起玩儿，以为和车工无缘了，现在看是把那一段时间给浪费了。"

当时的马兵只有十八岁，年轻好玩的天性还没有磨灭，再加上职业上的不顺心，每天的日子得过且过。有一天，干活儿休息的空当儿，师傅丁宝林和他的一次闲聊，让他隐隐有所醒悟。

"马兵，你想像你爷爷那样当车工？"

"嗯，现在看当不上了。"马兵长叹一口气，扬了扬手里的管钳。

"先把手头的活儿干好，车工的活儿，你可以自己学啊！能学点儿就学点儿，说不定什么时候，机会就来了。"

"这，有可能吗？"马兵一脸茫然，疑惑地问。

"有没有可能，我不知道，但是你现在这样，肯定不行。"丁宝林意味深长地说完，就拿起工具修起了水管，留下马兵一个人坐在台阶上若有所思。

即使仍然心存不甘，但马兵自从听了师傅的一番话，就开始规划自己的道路。他先从日常工作开始，把在技校所学的理论知识一点点运用到实践当中。"有很多东西还是要跟师傅们学习，具体地细化到实践，理论和实践有很大的不同。"

"一日为师，终身为父"，足以见得"师傅"在一个人成长过程中的重要性，在技能型行业，"师傅"的重要性更加突出。马兵的师傅丁宝林，是一个工作认真负责的人。每天接到工作任务之后，丁宝林就会带着马兵到用户家里维修，边操作边给马兵讲解。

"师傅把所有关于技术方面的活儿都教给我们，比如说安装暖气，打孔打到什么位置，暖气片挂到什么高度，送水从哪个方向来，回水从哪个方向走，这里面都是有学问的，技术含量也很高，师傅把他会的全部耐心地教给我们，一遍不会给我们讲两遍，两遍不会讲三遍。"

边讲解边干活儿势必会拖慢维修进度，但师傅丝毫没有怨言。经过一段时间的见习之后，师傅开始大胆地放手让马兵独立操作，他则站在马兵身后，观察他掌握的程度，有不规范的地方及时指点。

在师傅的启发下，马兵告诉自己不能安于现状，尤其是那句"马恒昌的孙子竟然是烧锅炉的，真给马恒昌丢人"，时常在他耳边回响，时刻提醒着他要向祖父看齐。

马兵重燃了自己的梦想——当车工。在做好本职工作的同时，他开始利用业余时间学习其他技能，朝着"车工"的方向努力。"跟师傅再学习一下电焊、水焊等，来丰富自己。"知行合一，马兵把曾经的决心付诸行动。

师傅在实操中"手把手"地传授技能，而班组中另外一个人——班长陈子杰，则为他定目标，马兵从他身上学到的是：一个工人不仅要把眼前的技能学会，还要有短期和长期的规划。

马兵回忆，当时的陈子杰是个近四十岁的汉子，他粗中有细，对新进厂的年轻人特别关爱，在工作上对自己起到了引领和带动作用。陈子杰会给新职工制订阶段性业务学习计划和目标，并且定期进行考核。

"要求我们一个月之内要达到什么样的效果，半年要达到什么样的效果，使我们的业务能力有一个快速的提升。同时也对我们进行考核，如果发现在哪个方面还有一些差距，有一些不足，他还会单独给我们补课。"

无论是关爱年轻人，还是定目标，那段时间，马兵从班长身上学到的这两个方面，对他日后的工作影响深远。

班长和师傅除了教给马兵等新员工知识和技能，还非常注重提升新人团结互助的意识，这让马兵很快融入这个大家庭当中。

上技校时，马兵就意识到文化知识的重要，他一直没有放弃继续学习的想法，得知齐二机床为了提升职工文化水平而设立了职工高中学习班，他第一时间报名参加，利用业余时间进行学习。经过考核后，他的学历变成了高中。正因为他工作认真、勤奋，学习用心、努力，在班组还被选为宣传委员。

这个时候的马兵，对学习充满了热情，对工作鼓足了干劲，他不止一次偷偷地站在马恒昌小组车间的门外，想象着祖父工作时的场景，他要朝着祖父的方向努力。

可是，一场风暴即将来临……

下岗回家

20世纪90年代，在计划经济向市场经济转型的过程中，由于计划经济体制的长期羁绊，国有企业机制不够灵活，包袱愈加沉重，一部分企业濒临倒闭，也因此出现了大规模的"下岗潮"。

1996年初，齐二机床也受到了波及，出现了产品积压、效益下滑、工资锐减甚至欠发的局面。据说当时，齐二机床职工中有一半在这次"下岗潮"中离开了工厂。就连炙手可热的马恒昌小组也只能自寻项目。最开始那段时间，以往加工生产关键零件的马恒昌小组什么活儿都接，连收割机、插秧机等农用机械都做过。即便如此"饥不择食"地生产，却还是因为缺乏市场运营经验而赔了本，工资最少的一个月，每个组员只开了五十块钱。

在当时的下岗大潮中，年轻人首当其冲。马兵那时只有二十岁，在单位的身份还是学徒工，虽然在技校学习的是司炉专业，但由于参加工作时间比较短，司炉专业的操作证还没有资格拿到，无论是资历还是技能都不占优势，所以他也成为下岗大军中的一员。

那一年，马兵参加工作的时间还不足两年。

那一年，马兵重燃的梦想火花被沉入海底。

"我一看，没下岗的都是技术骨干或者精英，我的技术水平也不高，能力也不强，我就知道了，我在工作上面还存在一定的差距，让我下岗啥说没有。"

口头上的豁达，并不代表马兵内心真的平静，他如芒刺在心，1996年，命运似乎把他逼进了一个角落，让他走投无路，还要对他来上一记重拳。

"跟朋友们讲，我说我下岗了，他们都不信，说：'你装的，你是马恒昌的孙子，你还能下岗！'"

现在身为劳模的马兵有很多劳模朋友，私下交流的时候，他的朋友们也都不相信他曾经有过下岗的经历，他们也以为马恒昌的孙子会一直顺风顺水。其实不然，那段时间，他是消沉的，是颓唐的，几乎绝望，甚至不敢想象日渐萎靡的自己将来该如何面对最基本的生存。

如果手中有司炉操作证，即使下岗，马兵也还可以从事和自己专业相关的工作，可是只有毕业证，没有操作证，在这条路上他处处碰壁。

"就实习的时候，跟我师傅烧了一年锅炉，一知半解。然后去找工作，人家说'我们这儿正好缺人'，但是真正把锅炉交给我，让我去烧，我只是了解了一些按钮功能，有很多东西还没有掌握。去干维修呢，刚干了一年多，也不行。"

没有一技之长的马兵似乎是风浪不止的大海上一艘孤零零的小船，只能随风浪漂泊，距离"祖父"那座灯塔越来越远，他陷入了巨大的迷茫之中，看不清未来的方向。

"父母安慰我，你毕竟得面对呀！即使你是马恒昌的孙子，你也不一定一帆风顺，这就是成长啊！"

"自己选的路，咬牙也要走下去！"马兵想到最初选择上技校时，父亲说的那句话，想着想着他自己又补上了一句，"如果路没了，再找新的出路也要走下去。"

"二十多岁了，还要让父母养着我？这个绝对是不应该的，所以就只能自己出去找工作。由于没有什么技能，所以只能找一些比较简单的工作。"马兵开始重新寻找航线。

马兵下岗后从事的第一份工作是在台球厅做摆球的服务员。因为这个工作没有学历要求，简单易学，或者说基本上不用学，一看就能上手。马兵当时还有个想法：先干着这份简单的工作，至少可以养活自己，不给父母带来负担，再慢慢寻找其他机会。

"骑驴找马"是马兵不得已而为之的"策略"，他利用空闲时间不断地去找新工作。可是，他感觉能够发挥自己技能的很多工作都需要学历，而只有高中学历的他显然连门槛都跨不进去，这让他"体会到生活艰辛和知识匮乏的痛感"。不过，凡事利弊相依，马兵也不是一无所获。

"下岗那几年对我来讲，绝对起到了很关键的作用，我看清了自己，知道自己到底差在哪儿，文化知识上差距太大了，当时想明白了父母为什么让我继续读书。可惜我没听，吃了这方面的亏。"

下岗那段时间，马兵换过很多份工作，还在停车场当过引导员，在铁路工程队当过材料员……如果说他之前重视文化知识的意识还很淡薄，那么在铁路工程队做材料员时遇到的一个人，则让他彻底改变了想法。

"那个时候，我一直对自己的前途感到很迷茫，我就这样度过自己的一辈子吗？直到遇到一位工程师，快六十岁了，无论是修涵洞，还是建货场的风雨棚，他都要画各种各样的图纸，包括用各种各样的仪器测量。啊！我这一看，还得是有学历、有学问、有技术，才能在队伍中立足。"

漫无目标漂泊的小船似乎重新找到了航行的方向，马兵在齐二机床上班那段时间曾取得了高中学历，所以他有资格参加成人高考，就果断地报了名。

备考过程中，马兵还要工作，这牵扯了他大量的精力，没有更多的时间去看书学习，而且参加工作已经有两三年的时间，先前学习的大部分知识已经遗忘，因此，1996年第一次参加成人高考，准备得不够充分的马兵落榜了。

"我也挺上火的，于是我就下决心要再考一次，同时也做了充分的准备。"

第二次备战成人高考，无论是在课程学习上，还是在专业的选择上，马兵都深思熟虑。当时，马兵报考的是齐齐哈尔职工业余大学。在选择报考专业之初，马兵始终没有忘记他"要成为祖父一样的人"的梦想，他想要选择"车工"方向的专业，但是这个专业在当时是一个热门，报考的人数每年都很多，选择这个专业，无疑会增加他的竞争压力。结合自己的实际情况，又经过多方咨询，他决定报考在当时还是冷门的计算机专业。

"我就想我不能长期是这个样子，有可能以后还会回到我们的工厂上班，然后我就学习了计算机专业，我觉得未来的工厂应该能用上我学的这个专业。"当时的马兵踌躇满志，但对未来趋势的判断，他自己也觉得是空中楼阁。而事后证明，他的选择是正确的。

考上齐齐哈尔职工业余大学计算机专业之后，马兵仍然没有放弃工作。在他一直以来的观念里，自己已经成年，经济来源不能再依靠父母，所以他依旧白天四处打工赚钱，晚上参加学校的集中学习，回到家里再温习功课直至深夜。经过三年的努力，马兵拿到了大专毕业证。

这三年，马兵在学校里学到的是理论知识和实操技能，而同时在社会这所大学里，他也学到了要想立足社会就要不断提升自己的道理。

"如果没有一技之长，没有学历，或者说在某一个方面没有专业特长，就很难在这个社会上立足，所以我就感受到了生活的不易。"马兵感慨颇深，以至于他现在也经常会对组员们强调知识的重要性，"我跟同事们，包括新来的学生，经常讲，一定要珍惜现在的学习机会，不要等到真正需要知识的时候，才感到后悔。"

那个时候，虽然取得了大专学历，但依然打着零工的马兵，仍然感觉前途是渺茫的。可能一个人在跌倒的时候，他能做的只有休养生息，不断完善自己，再找机会站起来。马兵就是这样，除了提升学历，他的内心深处始终坚守着一直以来的那个信念。

"我心里头总有那么一种感觉，我觉得我不应该是在其他别的地方工作，因为可能是从小就受爷爷的熏陶，我的梦想，就是在工厂！"

马兵的坚持与努力不会白费，转机即将来临……

第四章 弱冠·成长

重回齐二机床

2000年3月，龙年春节刚刚过去一个多月，东北小城齐齐哈尔的气温虽然还常常在零下，但温度在逐渐回升。街上的行人也开始换上了稍微轻薄一些的棉服，虽然步履匆匆，但看得出眼神中洋溢着欢喜，大家还沉浸在新年的喜悦气氛中。

冬天即将过去，春天还会远吗？

这是马兵下岗后的第五个年头，在这五年中，马兵虽然守着那份信念，但有时也会迷茫，更多的是对未来的不确定。

不确定，是会给人带来焦虑和恐惧的。

新千年，新气象，刚刚步入新千禧年，马兵就迎来了好消息，机床市场转好，企业有了起色。"我们的企业出现了转机，听说对于我们这一部分下岗职工，要重新召回到厂里上班。"听到这个消息，本打算去学习社工专业的马兵既兴奋又期待，他先是找到还在厂里工作的同事了解情况并征询意见：

"我想回厂子上班，不知道自己还能不能干得了。"

"水暖，这些年你干过吗？"曾经的班长这样问马兵。

"没干过，没有证，干不了，感觉早就忘光了。"马兵如实回答。

"那你想去哪个岗位？"

"能回来的话，我肯定是想干车工。"

"你走了这么多年，这业务也全都扔了，再重新学车工专业，不是太容易。"

……

班长说得很委婉，但马兵听得出班长的言外之意。

"我打算试试。"马兵斩钉截铁。

"那就好好干，你决定了，我们就都支持你，来了就得尽全力干好，不能当逃兵啊！"班长笑着鼓励马兵。

下岗这五年，饱尝了生活的辛酸，经过在社会上的历练，马兵的思想也逐渐成熟，先前对祖父懵懂的崇拜变成了理智的思考，他决定要抓住这个机会，从头开始，继续朝着祖父的方向前行。

"在我的脑海里，从小对爷爷的了解只是片面的。经历了这么多之后，再回过头来想，我对我爷爷和马恒昌小组，有了一个全新的认识。"

在马兵的脑海中，经常浮现出这样一幅画面：祖父带领着同事在一个简陋的厂房里，或不停地穿梭在各种损坏的武器之间查看，或专心致志地去修复损坏的装备。而厂房外面，不时会有敌人的飞机呼啸而过，扔下一排炸弹。炸弹就落在厂房旁边，爆炸产生的冲击波让厂房里木屑飞溅、尘土弥漫。但是，祖父和他的同事们丝毫没有畏惧的神情，对与修复武器无关的事情都视而不见、听而不闻。

⊙ 2021年，马兵在介绍马恒昌小组精神

"我感觉爷爷就是楷模，就是榜样，我作为马恒昌的孙子，就应该以他为榜样，像他那样去工作。"阔别五年之后，马兵重新走进齐二机床的大门，找到了负责的领导。

"领导，我想好了，我决定回厂上班。"

"回来好啊，现在厂里正是缺人的时候，原来的下岗职工可以优先选择回来。你是学水暖的吧？我看看哪个岗位适合你。"

"我是学水暖的，但是领导……我，我想进车工班组学车工，而且……"马兵紧张地搓着双手，有点儿忐忑地说，"而且我想去'马组'。"

"这……"

马兵回忆，当时领导听到自己的想法，眼神中流露出疑虑的神色。经过几分钟的思考，领导非常慎重地告诉他，因为他毕竟在社会上工作了好几年，工厂注重团结和谐、奋发向上的氛围，担心他把一些不良的习气带到工厂，沾染其他员工。

"毕竟你在外头晃荡了好几年，外头的规章制度相对于正规工厂还是有差距的，先给你找一个岗位，适应适应工厂的规章制度。"领导表达自己的顾虑。

马兵一再表明自己的决心，领导才勉强答应了他的半个请求——让他从事了车工岗位，但并没有把他安排在马恒昌小组，而是让他进入了与马恒昌小组一墙之隔的曲型工段粗车班组。

"我以为能直接给我分配到马恒昌小组，厂领导没答应，因为我学的是司炉，又在外漂了四五年。马恒昌小组是技术尖兵，哪能说进就进。"现在的马兵非常理解厂领导当年的担忧。

　　曲型工段粗车班组和马恒昌小组同属于齐二机床铣床分厂，虽然两个班组只有一墙之隔，但马恒昌小组对马兵甚至对整个工厂的职工来说都是可望难即的。不过，马兵感觉距离祖父又近了一步，仿佛有一股无形的动力，让他暗下决心，要穿越这堵墙。

质疑的眼神

　　"厂长看我的眼神，我一辈子都忘不了！"

　　马兵去铣床分厂报到，首先找到分厂领导，分厂领导质疑的眼神，让他至今难忘。"那种眼神意思就是：'你能干好吗？你能学会吗？这玩意儿技术含量也挺高的，你能行吗？'"

　　马兵其实也能理解分厂领导的质疑，那个时候，他已经远离工厂近五年时间，更关键的是，他所学的专业并不是车工专业，车工专业需要经过长期的学习，要在实践中不断地积累经验，当时他已经二十四岁，和刚进厂的十七八岁的年轻人相比，并没有优势。

　　"我得看看你到底行不行！"分厂领导半质疑半激将，并给他指派了一位师傅。

　　面对质疑，尽管心里不舒服，但马兵知道，自己必须给领导交上一份满意的答卷，才能够真正被认可。他在心里对自己说："一定要把这个工作干好，不能让别人瞧不起，更不能给爷爷丢人！"随即，一场从水暖工到车工的跨专业学习开始了。

马兵的师傅周有财，出生于1952年，与马兵同属龙，大马兵二十四岁，当时已年近五十岁。让马兵感动和欣慰的是，分厂领导虽然嘴上严苛，但能够安排周有财给他当师傅，这是一种关照，也是对他殷切的期待。

"我的师傅是厂里连续二十多年的厂劳模，可以说在全厂的技术水平是最高的，他带了很多徒弟，他的每一个徒弟都是技术全面、干活儿水平非常高超的。"马兵回忆起自己的师傅，语气里满怀敬意。

马兵从此进入到既熟悉又陌生的专业：熟悉是因为祖父是著名的车工，自己又在心里无数次地向往这个专业；陌生是因为自己对这个专业的技能知之甚少，几乎没有基础，一切要从零学起，要从学徒干起。

"所有的东西都是陌生的，每一个活儿都不会干，每一个零件都不认识，我一点儿机械制造的基础都没有，所以就只能靠自己去学。从最开始的时候跟我师傅学徒，然后自己买来一些相关的书籍，每天利用下班的时间看书，或者利用干完活儿的间隙看书，对一些不懂的地方直接就去问去了解。"

显然，"从头学起"这个困难并没有让马兵打退堂鼓，这是他距离车工最近的一次，他已经没有别的选择。虽然没有进"马组"，但他并不好高骛远，既然坚守自己的理想，这就是起点。

师傅领进门，修行靠个人。马兵从了解机床的性能、加工范围、如何磨刀、如何看图纸等最基础的工作学起练起。别人休息

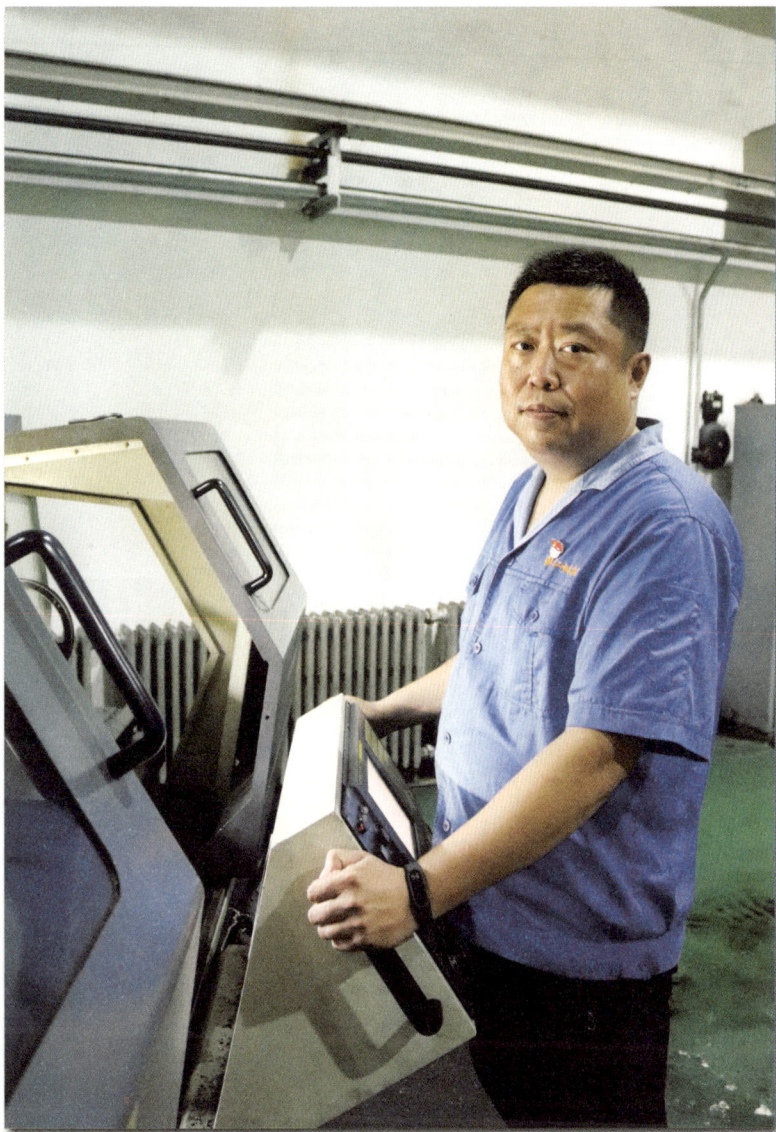

⊙ 2019年，马兵在操作数控机床

时，他在练；别人下班了，他还在练。那个时候，对马兵来说，晚上11点多才回家是常有的事儿。

在马兵的印象里，师傅在生活中对他非常关心，像对待自己的孩子一样。但在工作中，绝不"溺爱"，非常严格，甚至可以说是严厉。

工欲善其事，必先利其器。对于车工，要做好工件，车床、量具、刀具等工具的保养维护格外重要。马兵的师傅格外注重这一点，他经常告诉马兵，启动机床前和关闭机床后，一定要按照步骤检查各个部件，对机床进行擦拭，并且要对该注油的部位进行注油保养。马兵时常因为忘记这一点而遭到师傅严厉的批评。

有一次，马兵独自在一台机床旁干活儿，师傅走过来看了一会儿，突然，声色俱厉地让他把机床停下。他忐忑地按下了关闭按钮，待机床停下后，师傅一脸严肃，双眉紧锁，神色很难看，指着机床的导轨对他说："你用手摸一下！"

马兵的脸瞬间涨得通红，因为师傅几乎每天都讲，启动机床前要给每个需要润滑的部位注油以保证足够润滑，这样不仅能够让机器发挥最好的效能，还能够更好地保养机器。马兵意识到了这一点，知道做错了事情，还没等开口承认错误，师傅就接着说："你看看这个导轨上面有没有油？你在开动机床之前，是不是做了机床导轨的润滑，是不是往导轨上注油了？"

马兵低着头看着导轨，不敢直视师傅的眼睛。师傅只是这样诘问了几句就愤愤地走开了，马兵说，师傅平时很少说话，这样的态度、这样的诘问，已经算是非常严厉的批评了。

事后，马兵的师傅消了气，把徒弟们叫到跟前，又耐心地教导他们：现在所使用的机床相对于一些先进的机床比较老旧，但这是他们干活儿的家伙，所以需要精心地爱护和保护，让机床的精度保持住，使用的时间才能更久。

师傅说着这些话，眼神扫向马兵，看似在对大家说，好像又在着重提醒马兵："我们不能因为一个人的失误，没有给机床注油，而导致机床发生损坏，这是我们绝对不能接受的。"原则性强，这是师傅做事的风格，这也成为马兵从师傅那里传承下来的"基因"。

在平时工作中，马兵遇到困难时，除了有师傅指导，他的师兄弟也给了他很大的帮助。比如，马兵刚学会磨刀具，但如何磨得更好、磨得更精，如何对零件进行精加工，如何对图纸有更进一步的了解，这些都是他面临的问题，这个时候，班组师兄弟也能够耐心地给他讲解。这种团结互助、共同进步的氛围，也在日后成为马兵独自带组时格外注重的方面。

马兵的师傅加工生产的零件都是当时生产铣床产品的关键件，包括各个种类的铜丝母、丝杠，以及传动部分的关键零件。师傅在生产加工时悉心传授，马兵自己潜心钻研，经验积累得很快，在跟着师傅学习了一年之后，马兵就基本达到了可以独立生产的水平。

在独立生产两年以后，马兵的技术水平又有了很大的提升。这三年，他也更加深入地了解了师傅的为人。"身边的每一个同事都说我的师傅教徒弟的态度非常认真负责，而且说他为人很好，这就让我想起了我爷爷常说的一句话，他说，只有好的人品才能够生产出好的产品。"在那些日子里，马兵不仅从师傅那里学到了技能，还潜移默化地学到了师傅的德行。

"和师傅在一起三年多，我跟师傅学到了很多，不光是技术上的，还有做人、做事。师傅经常说两个字'坚持'，他说不管做什么事情，都要坚持下去，无论什么时候都要挺住。"

"坚持"，是马兵日后无论工作还是学习，无论是面对困难还是面对成绩，都深深刻在脑海中的两个字，师傅那种一丝不苟、精益求精，每件事情都要做好的态度，让他受益终身。

虽然做了车工，但马兵内心仍然存在一丝躁动，他的理想是成为祖父一样的优秀车工，是进入马恒昌小组。工作间隙，他席地而坐，倚着工具箱，抬头望着黑漆漆的车间天花板，为理想遥远而黯然，为前途渺茫而失落，但就是师傅常说的"坚持"两个字让他坚持下去。

"我就寻思，这个地方能是我干一辈子的地方吗？我的目标在哪儿？目标就是那边的马恒昌小组，我得坚持！"

师傅仿佛早已看出了他的心思，有一天，师傅看似闲聊，实则语重心长地对他说："马兵啊，你要是真有志气，你就练出真本领，到墙那边的马恒昌小组去！"

马兵望着那堵近在咫尺的墙，若有所思。机会，不会辜负每个努力和有所准备的人……

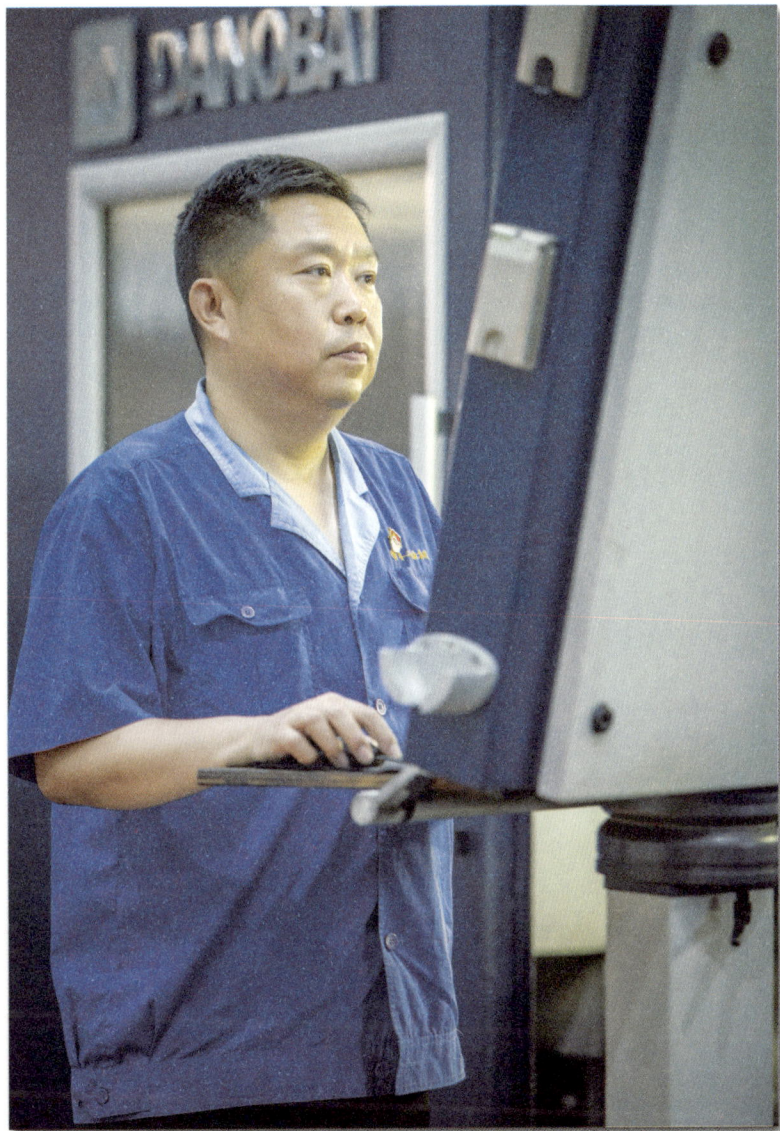

⊙ 2019年，马兵在操作数控机床

调到马恒昌小组

马兵终于如愿，穿越了那堵墙！

2004年8月28日——马兵清楚地记得这一天，齐二机床铣床分厂领导找到了他，谈话开门见山，直奔主题：

"你最近一年工作表现比较突出，加工的零件质量合格率达到了99.9%，要把你调到马恒昌小组，去不去？"

"我的目标就是要去马恒昌小组，我当然去了。"马兵难掩高兴和激动的心情。

"那你就好好干，可别给你爷爷丢人啊！"

"保证完成任务！"马兵立正，向领导敬了个礼，诙谐地回答。

在齐二机床，只有在技术大比武中获得成绩的技术尖兵才有资格申请进入马恒昌小组，而且还要通过党组和工会的认可与批准。能进入马恒昌小组，不仅是对能力的认同，更是一种荣誉的加冕。

马兵终于如愿以偿。曾经多少个日日夜夜，他起早贪黑地学习和练习，付出终究没有白费。踏入马恒昌小组生产车间的第一天，马兵心里又起波澜，这就是自己心心念念的马恒昌小组，祖父曾经在这里工作一生，直到七十多岁才退休，那机器旁似乎还有祖父专注忙碌的身影。看到墙上"马恒昌小组"几个大字，以及厂区正前方挂着的祖父和毛主席握手的照片，马兵倍感亲切，同时也感到压力和责任的重大。

这里，对马兵来说，并不是终点，而是一个新的起点。

"既然来了，领导对我这么信任，将我从其他班组调到马恒昌小组，只能踏踏实实地干，因为我是马恒昌的孙子，不能给爷爷丢脸！"刚调入马恒昌小组时的马兵压力特别大，"干好行，干不好，人家不会说马兵不行，而是说马恒昌的孙子不行，那会给爷爷抹黑！"

马恒昌小组主要生产加工铣床产品的核心部件，比如铣床的主轴、丝杠、蜗杆、刀杆等。不同的机床生产不同的零件，根据所生产零件的关键程度、复杂程度、精密程度，匹配不同技术水平的组员，相应的计件工资标准也会有很大的差别。马兵刚到马恒昌小组，可以说是个"新人"，自然要从生产工资标准最低的那类零件开始做起。

"那时我干的是不挣钱的活儿，所有组员过好日子的前提，都是从最苦的活儿做起的。不熟悉的时候，干活儿用的时间是正常工时的两三倍，比如说这个活儿正常十分钟，可能我用三十分钟才干完。"

马兵面临的挑战还有机床、工具以及零件材质发生的变化。单是零件材质的变化就是一道难关，他在之前的班组加工零件使用的是铸铁材料，而现在加工关键零件使用的是精钢材料。虽然在曲型工段粗车班组工作了三年多的时间，积累了一定的实操经验，但这些变化让刚刚熟悉了车工的马兵又成了门外汉，他不得不重新学起。

"到了马恒昌小组以后，我发现加工零件的材质都是钢件的，因此磨刀、加工方法、加工工艺、加工路线与我之前所从事的工种都是完全不相同的，所以我还要从头学起。比如车工的磨刀真是太关键了，不像以前干铸铁活儿的时候，差点儿也没事，干钢件活儿差一点儿都不行，尤其是挑丝杠，磨得不行，刀就掰折了，磨刀可能就要两个小时。"

车工，可以说是机械加工中最苦、最脏、最累的工种，特别是那个时期使用的都是没有任何智能化的普通车床，工人每天在机床旁一站就是十几个小时，既要付出超过常人的体力，又要有高超的技能。尤其是想要成为一名优秀的车工，更要有毅力和耐力才行。

吃苦，马兵早有准备，他并不怕吃苦！有一次，在加工零件时，他不小心划伤了手，顿时鲜血直流。到医院检查消毒后缝了五针，医生特意嘱咐他要好好休息，不能再过度使用受伤的手，避免伤口经常活动而难以愈合。可是他想到正在加工的零件，想到了紧张的工期，毅然决然地回到岗位带伤坚持生产。

当时正是夏季，天气炎热，伤口发炎化脓、部分溃烂，导致马兵高烧39℃，伤口缝合线也直接脱落。即使这样，他也没有休息，到医院处置之后，仍然回到岗位坚持工作。

"每天确实付出很多辛苦，但更想争一口气。来的时候有说

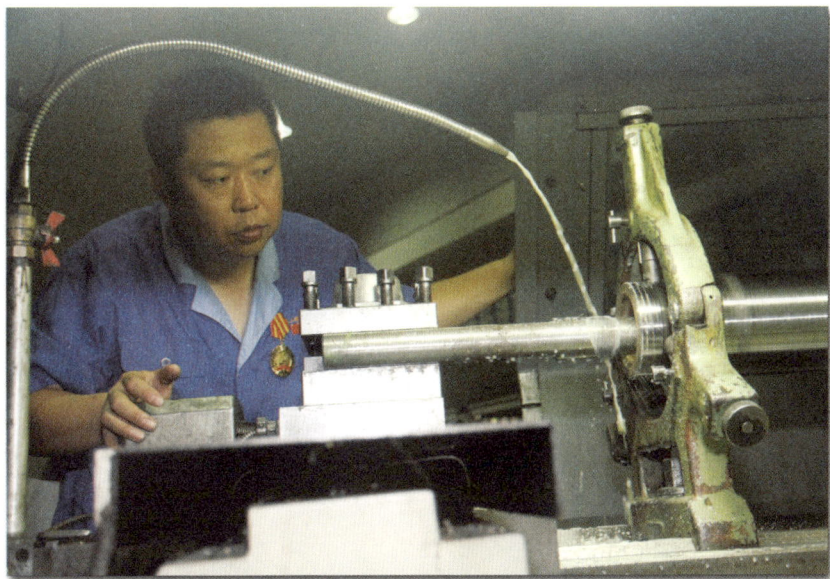

⊙ 2015年，马兵在加工机床零件

你好的，也有说不好的，自己也确实憋了一股劲儿。"每天要付出加倍的辛苦，质疑声又不时传来，马兵又想起师傅经常说的那两个字"坚持"，于是，他守住寂寞、咬紧牙关，因为他的梦想就是进入以祖父的名字命名的班组，现在好不容易进来，无论吃多少苦他都愿意。

"到马恒昌小组后有很大压力，一个是面对别人的质疑，还有就是真的不会，还得是每天继续学习，不学习一点儿都不会。那个时候就想我必须干好，既然来了就要比别人多付出更多努力，才能获得认可。"

马兵说他是幸运的，每换一个工作岗位，都会遇到一群热心的同事，在马恒昌小组，同事们的热情和无私更加让他感动。工人的工资计件核算，一定工时内，完成件数越多，工资越多。而当马兵遇到困难，他的同事为了教他，宁可牺牲自己的工时。

"小组的组员们对我的帮助真的非常大，当我遇到某一种活儿不会的时候，去问他们，他们都耐心地给我讲解，还到我的机床旁指导我如何去干。他们停下自己的机床，到我这来指导我的工作，这样他一天完成的工时量就会减少，同时收入就会降低，但是他们并没有因为收入减少，而不去帮助别人。我感受到了小组内部的关心和友爱。"

马兵很快和新同事们打成一片，有时，一项技艺马兵需要学习好几次才能掌握，但同事们没有人因此嫌弃他。除了工作时的帮助，在吃饭时间，大家会一起讨论，寻求最优的流程方法，争取更快更好地完成任务。

马兵适应得很快，工作生活中的点点滴滴，让马兵的信心倍增。

重新认识"马组"

马兵的祖父马恒昌去世时，马兵只有九岁，他对祖父的记忆有限，更多的是后来听别人只言片语的讲述。等进入马恒昌小组，在小组文化的熏陶中，在前辈回忆的故事中，马兵对祖父马恒昌和马恒昌小组有了更深入、更全面的认识。

马恒昌小组于1949年4月28日在沈阳第五机器厂建组。建组初期，共有10名组员，在第一任组长马恒昌的带领下，10名组员的思想觉悟迅速提高，全部申请加入了中国共产党。

创业初期，国民党留下的工厂千疮百孔、破旧不堪，为了鼓舞组员士气，尽快恢复生产，当时的马恒昌经常对组员说的一句话，至今仍然掷地有声："要做工厂的主人，就得拿出当主人的样子！"马恒昌也在有生之年一直用实际行动践行着这句话，他不仅自己成为开国劳模，还让这个班组至今都声名赫赫。

20世纪50年代，抗美援朝开始，此时的中华人民共和国刚成立不久，百废待举，为了保护刚刚发展起来的重工业，沈阳第五机器厂部分工人和设备需要北迁至齐齐哈尔，马恒昌小组第一个报名，所有成员举家随组搬迁。

1950年8月26日，轰鸣的列车不时吐着白色烟雾，驶向黑龙江省西部城市齐齐哈尔。乌云从天际飘来，很快窗外就下起了大雨，夏天的雨来也匆匆，去也匆匆，很快又消失在一望无际的荒原里。

齐齐哈尔源自达斡尔语，是"天然牧场"之意，在中华人民共和国建立初期，即成为一座工业重镇。马恒昌小组来到这里，马不停蹄，立即投入生产，当年便生产出我国第一台升降铣床和251型镗床，为我国机械工业的起步做出了开创性贡献。

1950年10月，中国人民志愿军赴朝作战，拉开了抗美援朝战争的序幕，马恒昌小组也迅速行动起来，紧急生产各种武器装备所需的零部件。

1951年初，为了发挥更多人的力量，马恒昌小组通过《工人日报》向全国职工发出开展爱国主义劳动竞赛的倡议，得到全国1.8万个班组的热烈响应，"向马恒昌小组学习""做马恒昌小组式的班组"成为当时全国工人中的一股热潮。许多企业劳动生产率成倍甚至十几倍地增长，为支援中国人民志愿军抗美援朝起到了不可估量的作用。

据《工人日报》报道，这一年，马恒昌小组提前两个半月完成国家下达的任务，创造了69项新纪录。这个班组走在最前面，创下了很多个"中国第一"：第一个实行班组民主管理，第一个倡议开展全国性劳动竞赛，第一个成立技术研究会倡导技术革新，第一个建立岗位责任制，第一个建立健全班组管理制度……因此，被誉为"我国班组建设的摇篮"。

把愛國競賽經常開展下去

馬恒昌先進生產小組向全國工人提出挑戰

東北第五機器廠馬恒昌先進生產小組為了使愛國主義競賽經常開展下去，經過小組會

討論，提出五項條件，向全國各廠礦工人挑戰。條件是：

一、團結技術人員，加強技術學習，改進操作方法，質量達到標準的百分之九十九以上

，提前完成任務。

二、師傅保證把所有的徒工，提高到一般技術水平的百分之六十；徒工保證愛護機器

工具，不影響師傅訓練開車。

三、遵守勞動紀律，堅守工作崗位，保證春節前後出勤率不降低。

四、加強四防工作，保證全組機器和人員的安全、愛護公物，克服浪費。

五、提高政治覺悟，做好宣傳鼓勵工作。

馬恒昌先進生產小組在一九五〇年中，曾改進了十五種工具，創造了二十五件新記錄，

任務，質量達到標準的百分之九十。

中國機器製造業工會籌備委員會號召全國機器製造業，

1951年1月，马恒昌小组通过《工人日报》向全国工人兄弟发出开展爱国主义劳动竞赛的倡议

　　《工人日报》曾刊登过马恒昌的一封公开信，信中说："我们小组首先要做个榜样，事事要走到前头；不要光向我们小组应战，要尽可能多地推动所有班组参加到全国爱国主义劳动竞赛里来，这样起的作用更大一些；不要犯冷热病，要持久地坚持下去。"

　　为了铭记和传承马恒昌小组精神，齐二机床于1955年开始建设马恒昌小组展览馆，近五十年间，经过不断扩建、改造，到了2004年形成了现在的规模。展馆内，马恒昌雕像以及历代小组的先进事迹和荣誉证书、奖杯、奖状等悉数陈列，其中有很多是非常珍贵的历史资料，比较详尽地展示了马恒昌小组的风貌、业绩及部分工作方法和经验。马恒昌、徐景荣、董振远、依奎元、李凤和、王占学……孙普选、马兵，小组迄今为止的十八任组长都在这里留下了名字。

　　"爷爷留下的是吃苦耐劳、踏实肯干的精神，这种精神是靠小组成员一代一代传下来的。"马兵感慨地说，"我经常跟兄弟们说，马恒昌小组就像一棵大树，我们是在树下成长。前辈给我们留下了这么好的平台，我们有责任让它生长得更加茂盛。"

嚼辣椒、冷水洗脸提神

　　人们常以"头悬梁，锥刺股"来形容一个人学习勤勉。马兵则以"嚼辣椒，冷水洗脸"来保持头脑的清醒。

　　因为，马兵从上技校到下岗，再从重返工厂到进入马恒昌小组，这一路走来，他深感文化知识的重要，他除了要不断提升技能，还要还上过去欠下的学习的债。

　　"以前没有好好学习，欠的债都显现出来了，这些都躲不掉，现在需要去补上。"

　　在下岗期间，马兵就意识到学习的重要性。进入马恒昌小组之后，一位和父亲同辈的老同事张海森，对他产生了很大的触动。张海森是小组的经济核算员，时年已经四十九岁，这个年纪，上有老下有小，家庭负担很重，工厂生产又很繁忙，年龄大了记忆力也在减退。但为了适应岗位需要，他仍然克服着这些困难，以坚强的毅力挤出时间自学，和孩子一起参加成人高考，考上了电大，学习三年之后，取得了机械制造及自动化专业大专学历。

　　这位同事在这样的年纪还有这样一种学习的劲头，让马兵既无比敬佩，又感慨颇深。在进入马恒昌小组后，他更感到了自己和其他同事在专业上的差距，再加上同事们的熏陶，因此马兵虽然已经取得了计算机专业的大专学历，但并不满足于此，他又开始攻读机械制造专业。

　　在马兵重返齐二机床前那段时间，齐二机床刚刚跨入快速发展阶段，生产任务急剧增长。他所在的铣床分厂2002年产量不足千台，2005年生产任务却高涨到两千多台，在人员、设备没有增加的情况下，职工除了想办法创新技术提高生产效率外，只能靠早来晚走、加班加点来保证完成生产计划，他们每天的工作时间都要在十二小时以上，每个月最多能休息两天。这种工作状态是整个工厂的常态。

在这种情况下，马兵既要完成生产任务，还要自学，难度可想而知。"时间就像海绵里的水"，在马兵身上，这句话被体现得淋漓尽致。他随身带着技术理论教科书，几乎放弃了所有的休息时间，午休时吃完午饭，别的同事会打个盹儿，他在同事的轻微鼾声中，抓紧时间看一会儿书。傍晚吃完晚饭，其他同事会打牌、看电视休闲一下，他也会在嘈杂声中旁若无人地读书学习。

马兵随身带着一个本子，遇到难以理解的专业术语或者加工工艺，他就暂时记下来，一起向老师傅或技术员请教，并且使用废料在实践中练习、检验，弄懂每一个疑问。

他下班回到家里，常常已经是晚上10点以后。他拖着疲惫的身体，也想早一点儿躺在床上沉沉地睡上一觉，但是为了学到更多的知识技能，为了完成自己的目标，他依然在灯下坚持学习，至少要学上两个小时。

有时，困得实在坚持不住了，他就用冷水往脸上泼几下，或者学着祖父抢修设备时的方法嚼上几口干辣椒，凉意和辛辣瞬间让他清醒，他再回到桌前继续学习。

有时，因为极度的困乏，他也会不知不觉地趴在桌子上睡着，但半夜醒来，他还是会坚持学上一会儿，把睡着的时间补上。当天的学习计划没有完成，他绝不上床睡觉。

就是凭着这股执着和韧劲，经过近三年的苦学，功夫不负有心人，他又取得了机械制造专业大专毕业证书。

⊙ 2015年，马兵在自主学习政治理论和专业技能知识

2007年8月，他还通过努力考上了中央党校经济管理专业，经过两年的学习，取得了本科学历。

马兵进入马恒昌小组，以及后来自身各方面能力不断地提升，都没有仰赖他祖父的光环，而是凭借自身坚持不懈的努力。其实，马兵的进步，除了源于自身的勤奋，家人的支持也必不可少。

马兵于2004年8月进入马恒昌小组，在这一年之前，他完成了人生中的另一件大事——步入了婚姻的殿堂。在进"马组"一个月之前，他的孩子出生。

马兵进入马恒昌小组时，孩子才一个多月大，这个时候，无论是妻子，还是孩子，都需要照顾。但马兵的时间在接下来的几年里几乎被工作和学习占满。很少有时间陪伴家人，让他满怀愧疚，而家人对他的理解，又让他满心感动。

"那时候，我每天早晨7点钟就到单位，晚上到家基本上是在11点左右，孩子从出生一直到现在；我对他的照顾可以说基本上没有，全部都交给了家里人。"

上班日，马兵每天早出晚归，和爱人、孩子相聚的时间少之又少，常常是她们还没有起床，马兵就已经离开家去了单位，而深夜回到家，她们早已睡熟。

马兵那时的休息日也非常有限，一年的休假天数不超过十天，平时对父母的关心只能通过电话表达，父母却常常担心影响他的工作而催着他挂断电话。

"以前忙的时候，父母生病都不告诉我，我上班走了以后，

⊙ 2012年，马兵（后排左二）的全家福

他们再去医院看病。在我工作时间，即使有事也不打电话，都在我午休或晚上加班吃饭时间打，怕影响我工作。"

马兵的父亲曾经说，马兵现在不仅仅是他们的儿子，不仅仅是马恒昌的孙子，更是马恒昌精神的传承者，进了"马组"，就要成为榜样，就要传承马恒昌小组脚踏实地、精益求精的精神，要传承这种精神，家人就要对他的工作无条件地支持。

"我的家人都很理解，有了他们的支持，我才能安心地工作。在马恒昌小组工作，我得到了很多，同时也失去了很多，其中最重要的就是没尽到对家人的责任，但我没有后悔，我进步越多，家人越开心。现在回想起来，我能够取得今天的成绩，都是他们为我默默付出、对我大力支持的结果。"

第五章　而立·突破

苦学数控技术

2000年前后，随着科学技术的发展，很多工厂都对加工设备进行了迭代升级，把手动机器换成数控机器。在车工行业，相较于手动机床，数控机床加工精度更高、生产速度更快、加工质量更稳定、操作人员更省力，而且通过编程能够使生产过程更加灵活。

现在来看，数控机床有着诸多优势，但在十几年前，要不要引进数控机床在马恒昌小组出现了分歧，观点基本分为两派。

"我们厂建厂是1950年，一直在生产铣床，已经生产了五六十年的铣床，在全国铣床生产企业中，所有的工艺和技术已经非常成熟，我们现在这种生产方式已经不错了，而且老设备操作更简单、用着更顺手，没有必要引进数控机床。"一些老员工持反对意见。

马兵虽然也没有使用过数控机床，但是他在学习计算机专业期间，在一些资料上看到过对数控机床的介绍，他认为数控技术是工业生产的趋势。

"普通设备的落后，会导致靠人去拼体力、拼经验，数控机床不一样，你编好程序以后，它能实现自动化加工。普通机床是人一直在动，人不动机床就停，使用数控机床，人可以坐着，机床在干，而且它的稳定性非常高。"马兵和少数年轻组员这样坚持。

保守的老员工认为，引进新设备，就需要相应的技术创新能力，这是他们所缺乏的，冒进存在风险。以马兵为代表的年轻员工则认为"科学技术是第一生产力"，如果跟不上技术的进步，企业将会失去竞争力，同样存在风险。

既要跟上技术的潮流，又要走稳每一次革新，厂领导决定先尝试。2005年，齐二机床引进第一台数控设备，交给了马恒昌小组。那个时候，马兵已经二十九岁，还不是组长，在此之前，他对计算机编程从未接触过，但好在他学过计算机专业，对计算机有一定的了解，厂领导指定由他来操作这台设备。

这台数控设备到位以后，新鲜、好奇、期待先放到一边，马兵和工厂领导更多的是焦虑，过去从来没有接触过这种设备，一是不会操作，二是不清楚它的加工能力到底有多大。当然，即使是在工厂内部，对这台设备的评价也褒贬不一。

"厂里刚来数控机床的时候，大家的认识还不够深刻，大家都习惯了使用普通车床，这样就会有说数控机床好的，有说坏的。"

当时的马兵对数控机床也只是有粗浅的认识，还不具备使用它进行批量生产的能力，他也深感压力巨大。但是，马兵坚信，数控设备的使用一定是大势所趋，必将取代手动设备，他又拿出了那股"坚持"和"学习"的劲头。

⊙ 马兵（左一）在给组员布置工作任务（图片来源于网络）

"随着机床来的说明书有三本，非常厚，瞅着跟天书一样，看不懂，一点儿头绪都没有，捋不出来，我就从最基础的开始学习。"

于是，马兵买来《数控车床技术工人培训读本》《数控机床系统维修技术实例》等书籍，白天干活儿，晚上回家后利用业余时间进行自学，认真钻研数控机床的基础知识和数控编程原理。而且，他还到夜大充电，学习编程知识。

为了完成生产任务，马兵下班的时间经常要在晚上10点以后，但他并不会因为回家晚而放松学习，他给自己制订了严格的学习计划，和完成工作任务一样，他要求自己每天必须完成一定的学习任务。有时候实在太困了，他仍然用嚼辣椒和冷水洗脸的方法让自己清醒。

马兵仅仅用了一个月的时间，就基本掌握了数控编程技术。此后，他开始和车间技术员一起尝试使用这台数控机床加工一些简单的零件。有些前来围观的同事仍然不看好数控车床。

"普通机床是靠齿轮来传动，比较有劲儿，一刀可以上十个量；数控机床是靠电机，它的劲儿比较小，一刀可能只能上四五个量。用普通机床加工，一刀就能加工完。用数控机床，至少得两刀，肯定会慢一些，会影响进度。"

马兵听着这些议论，并不多做解释。他编好了程序，将材料卡到机床上，按下了加工按钮，机床开始自动加工。他又让同事使用普通机床加工了一个同样的零件。

起初，对于数控机床的加工能力，大家心里也没有明确的概念，等马兵和同事用两种不同的设备加工出同样的零件，两相对比，一目了然。数控机床用时不到两分钟，普通机床用时十几分钟，而且数控机床加工的零件在精度和光滑度上明显优于普通机床。此时，所有人才彻底信服还是数控机床好。

马兵由此成为小组第一个掌握数控加工技术的职工，回想过去，这还多亏了自己在下岗期间学习的计算机知识。马兵总结，学习数控技术，首先要有普通机床加工的基础；其次，程序代码就是工具，掌握简单的程序语言，把零件的加工程序输入操作系统，机床就会按照加工程序要求的动作进行加工。马兵之所以能快速地学会编程，其下岗期间所学的计算机专业起了决定性作用。

科技进步带来的发展趋势，就像滚滚向前的车轮，不会因为我们的忽视而停止向前。该来的势必会来，只不过没有想到来得这么快……

第一次使用数控设备

马恒昌小组的第一台数控机床到厂还不到三个月的时间，也就算刚刚安装调试完成，尝试着做了几个零件，齐二机床就接到了一项非常具有挑战性的紧急订单。

北京全三维动力公司作为设计公司，要为大连一个电厂设计一套节能设备，这套节能设备有两个关键零件——调节阀和调节阀体，需要由马恒昌小组承担加工制作任务。

"当时领导说必须得由数控机床来加工，就把图纸给我了，说这个活儿着急，叫我们赶紧做试验。当时我一瞅图纸，真蒙了，图纸显示是五六条抛物线相切形成的一条曲线，曲线只能用数控机床来加工，手工控制不了，真是没干过这种活儿。"

这两个零件一凹一凸，合作方要求两者扣在一起之后要严丝合缝。两个多月以来，马兵和同事们使用数控机床尝试加工的零件只局限于直线和圆，从来没有尝试过曲线。马兵即便看懂了图纸，但前期的编程就是一大难关。

因为这两个零件合作方要得急，马兵丝毫没有畏难和耽搁，马上找到技术员，一边研究图纸，一边研究说明书，只用了两天时间，就编制出了加工程序，而这还是得益于他过去学习的计算机知识。

"我们需要用宏程序加工；需要用CAD画图、画坐标；我们加工的零件，尺寸要精确到小数点后三位……才能按照要求加工出带曲线的零件。这些都需要计算机专业的知识，在我能够应用数控机床以后，计算机知识让我走得更远，走得更深。"

程序是编好了，但因为这个程序是第一次使用，用这个程序加工出来的零件到底符不符合要求（不能直接在原料上进行试验），马兵心里并不托底。先后对程序进行了多次检查之后，凭借先前对这台数控机床功能的了解，马兵和同事们通过机床的数控系统又进行多次模拟，确定他们编制的加工程序在理论上应该没有问题。

解决了编程问题，接下来就是磨刀，因为这两个零件的原材料是特殊材质，工厂没有适用的刀具，马兵和同事们又通过查询相关资料，对刀具进行重新焊接、打磨。终于确定各方面检查都没有问题了，才开始加工。

从接到任务，到生产出所需零件，马恒昌小组只用了四天时间。拿着加工好的零件，马兵自己感觉非常满意。"做完之后，两个零件扣在一起严丝合缝，我们自己看着是挺好。"

"看着挺好"，这并不是合作方验收的标准。交工那天，合作方派出一位老技师来验收。老技师来了以后，要求马兵把零件带到一个封闭的房间。

"拿到房间里面，把灯关掉，把标准样板放到这个零件上，在背后放个打火机点着。"老技师这样吩咐。

马兵不明所以，只能照做。关了灯之后，房间里瞬间一片漆黑，他赶紧点燃随身携带的打火机，伸手举在零件的后面。

"如果说相接这条曲线有缝隙，不严丝合缝，有高点或低点它就透光，就能看出来。"老技师边从不同的角度观察曲线的缝隙，边说出了让马兵这样做的缘由。

这种严格的检验方式是马兵之前没有想到的。"当时我就蒙了，自己心里都没有底，到底行不行啊？"马兵的心里既紧张又有些期待，他在老技师的对面，看不到缝隙到底透不透光，他能做的只是举稳打火机。"我就没看样板，一直在观察老师傅的表情，我一看他挺满意，我的心里就有点儿底了。"

看着老技师边检查边微微点头，最后说："你干的活儿合格了。"马兵一颗悬着的心才逐渐落地。等老技师走了之后，马兵好奇，他让同事拿着打火机，自己在零件背面又看了看，确实严丝合缝不透光。

第一次使用数控机床就圆满完成了任务，厂领导也如释重负，这才对马兵交了实底儿："这两个像太极图一样的零件是核心零部件，投入使用之后，每年可以为电厂节省上千万元资金。"

这个"第一次"意义非凡，马恒昌小组成员不仅对数控机床强大的功能有了进一步的认识，也充分了解了数控机床的优势。使用普通机床，人需要一直站在机床旁边，不停地操作，而使用数控机床，程序设定好就会自动加工。

"我拿来一把椅子，坐在椅子上就什么都不用管了，大家一看，噢，数控机床原来是这个样子，可以大大地减少我们的体力消耗，同时提高生产效率，降低我们的劳动强度。"

使用这台数控设备，马恒昌小组当年仅用半年的时间就完成了过去需要一年半才能完成的工作量，效率差不多是原来的三倍，而且产品合格率达到了100%。马兵用这一实际成效说服了所有组员。他还把数控技术教给了师傅，并和师傅共用一台数控机床，"两班倒"加工生产。

"他们说我是厂里徒弟带师傅的第一人。"马兵笑着说。

在这之前，大部分同事还是漠然或者观望的态度，这次之后，大家好奇的心态和想学习的想法愈加浓厚，很多小组组员都

⊙ 2015年，马兵在检测零件加工精度

找到马兵，表达出想要学习数控机床操作知识的意愿。

马兵作为小组中掌握数控技术最早、最多的成员，也是来者不拒，他利用下班时间给大家逐一讲解，把车间当成课堂，他结合具体零件教大家如何编制程序，如何操作机器，将自己所掌握的技术毫无保留地传授。

在这种风气下，全班组没有一个人落下，马恒昌小组也成为齐二机床第一个全员掌握数控操作的班组。马兵掀起的这股学习数控化的浪潮，为2007年马恒昌小组全面数控化改造打下了坚实的基础。

回想起来，马兵正是靠着刻苦学习、爱岗敬业的精神，在五年的时间内完成了人生道路上的三次重要转折：2000年重回工厂，从水暖工转变为车工；2004年调入马恒昌小组，从一窍不通转变成行家里手；2005年，公司配备第一台数控机床，马兵更是从传统车工华丽转身，成为小组第一个掌握数控机床技术的新型车工。

前路漫漫，不止于此，马兵还要不断地超越……

我来修个试试

第一次承接加工曲线闭合零件，马恒昌小组即承受住了考验。掌握了先进技术的马兵，也迅速成为齐二机床数控业务技术骨干，声名远播。

有什么急活儿、难活儿，马兵和他所在的马恒昌小组总是被最先想到。就是凭着这样一股肯钻研、不服输的劲头，马兵克服了一个又一个的困难，完成了一次又一次的挑战。

2006年初，小组又承接了国家重点电力工程项目之一——"三维高中压主汽调节阀"的生产加工任务。

这种调节阀是多个曲面相切，对精度的要求又提高了一个层次，因此加工制作难度更大。如果能够制作成功，将为国家节约大量的能源和资金。之前，有其他厂几个班组试加工都以失败告终。马兵得知情况后，认为马恒昌小组有责任承担这项重任，所以他就主动请缨。

虽然马兵在工厂和小组内比较早地接触了数控技术，但在数控领域也还算个"新兵"，他和组员从仔细研究图纸入手，认真考虑每一个细节，反复计算每一项数据，并请技术人员协助制作了十余种专用夹具和刀具。

充分的准备，是成功的保证。一个星期之后，马恒昌小组再次圆满完成了任务，生产出的三维高中压主汽调节阀一次装配成功，再次为齐二机床赢得了声誉。从此，高难度的任务不断分配到马恒昌小组，而小组也从没有让工厂失望过。

几年来，马兵一直用更高的标准、更严的要求鞭策自己。在生产实践中，他不仅掌握了数控机床编程知识和加工技术，与组员先后解决了三十多项技术难题，还学会了数控机床简单故障的排除与维修技术，进一步提高了小组生产效率，使小组人员的技能和生产能力又向前迈进了一大步。

2011年，又一项棘手的任务分配到了马恒昌小组。在齐二机床与当时世界上最先进的压力机设计团队德国汉克公司的合作中，小组承担了大部分高精度零件的加工任务。

当时，马恒昌小组应德国工程师的要求，要加工一根长2.5米的拉紧螺杆。这对小组来说，无疑是一个难上加难的任务，因为马恒昌小组的数控机床能够加工的最长零部件是0.8米，2.5米长的拉紧螺杆远远超出了这台仅有的数控设备的加工极限。

马兵和同事们简单商量了一下，决定迎难而上，斩钉截铁地告诉德国工程师说："能干！"

接下来，马兵想办法解决了机床的支撑长度，通过研究采用增加定位支架、快速切削、连续冷却、设计辅助定位基准等方法，成功制作出了2.5米长的拉紧螺杆。

与此同时，另外一个班组正在紧急加工一批液压螺母，可是，因为成品精度不够，被德国专家判为工艺废品。这样，不仅会给工厂带来巨额损失，重新生产还会增加生产周期，影响工厂的声誉。马兵了解情况后，再次当机立断地说："我来修个试试！"

马兵仔细查看了图纸，研究了产品的技术要求，结合已经生产出的液压螺母材质特点，自信地改变了德国方面原有的加工工艺，通过采用镀硬铬增加表面硬度、自制精修磨具进行打磨等方法，最终，顺利修复了上百件产品。

验收那天，汉克公司总工艺师皮亚特那冷峻的蓝眼睛扫过摆

⊙ 马兵（左二）在和组员们进行技术攻关

放整齐、泛着光泽的螺杆和螺母，仔细地查看着零件的各个参数，确认没有问题之后，不禁对马兵竖起了大拇指，惊讶地说："没想到齐二也能干出这样的好活儿！"并给马恒昌小组的每一位组员一个紧紧的拥抱。

从此以后，汉克公司设备的零部件被指定给马恒昌小组加工，马恒昌小组加工的产品也被定为免检产品。

面对新产品研发项目的不断增加，马兵和组员开始冷静思考，过去仅能加工老产品的状态，已远远不能适应公司发展的需要，还必须敢于攻关，善于解难，不断向技术的新高点攀登。

第六章 不惑·飞跃

第一次数控化改造

可以节省人力，提高效率，而且出错率更低；

可以加工曲线、曲面等复杂的零件，而且精度更高；

可以对市场需求做出快速反应，只需更换加工程序，就可适应不同种类及尺寸零件的自动加工；

……

短短不到两年时间的接触，一次次攻坚克难的成功，数控化的诸多优势让工人们看清了趋势，如果说之前仅仅是尝试和观望，那么现在看，数控化改造势在必行。

2007年初，齐二机床先行在马恒昌小组实行了全面的数控化改造，至此，马恒昌小组从普通设备班组成功转型为完全数控化班组。

从2005年引进第一台数控机床开始，小组超前学习的效果立刻突显出来，十台数控设备运抵车间安装后，小组成员无须耽误日常生产进行培训，而是可以直接上手操作、编程和加工。

"大家因为有这个基础，学习起来非常快，马恒昌小组的数控机床在班组全部铺开的时候，我们的组员全部能够直接上机床进行生产。"

引进数控化车床的同时，马恒昌小组车间也同步进行了改造和装修。地面用红绿两种颜色进行分区标识：绿色区域放置机器，为工作区；红色区域用于人行，为通行区。地面光亮整洁，机器摆放有序，几乎没有杂物堆放，一看就是现代化生产车间，和改造之前相比，简直是天壤之别。

"改造之前，厂房特别脏乱，地上坑洼不平，油泥特别厚，现在都是油漆地面，每天都有人擦，不像以前一踩都黏脚。再有就是设备的变化，以前铁屑乱飞，车间到处都是，现在使用的设备是全封闭的，干活儿的时候，可以把门关上，更干净、更安全了。"

完全数控化之后，马兵和同事们更加真切地感受到了数控技术带来的便利。原来使用普通车床，遇到生产任务比较多的时候，组员每天要工作十几个小时，每个月至少有10天要加班到晚上12点，另外20天也要到晚上10点，组员们的劳动强度很大，大家经常疲惫不堪。

"车间有一位老主任说，更换数控设备，对我们马恒昌小组是一场革命，不但工作效率提高了，原先的时候一个月干六七百个工时，现在用数控设备能干一千多个工时，而且人的劳动强度没有那么大了。"

此外，让马兵和同事们感受到数控化巨大优势的还有刀具制作的变化。以前使用普通机床需要手动磨刀，虽然用着也很顺手，但没有数控技术制作的刀具耐用，而且数控刀具加工的零件误差大大降低。

⊙ 2022年，马恒昌小组车间

技术升级带来的好处，还直接体现在人的精神面貌上。原来组员穿着满是油污的工作服，上面还时常粘着材料废屑，手上乌黑的油污长年洗不掉，甚至脸上也时常黑一道白一道。升级为现代化数控设备之后，组员们的蓝色工作服干净了，手上、脸上的污垢也不见了。

"我还感觉人的精神面貌也发生了很大的变化，我刚一进厂的时候，我们那四十多岁的师傅感觉像六十多岁，现在没有那么累了，大家精神都很饱满，感觉工作一天很愉快，现在体面多了。"

第一次数控化改造，借助科学技术的东风，马恒昌小组创造了当年仅用10个月就完成了车间全年生产计划的奇迹，每个组员每月平均完成工时750小时，小组全年工时总量突破10万小时，相当于一年完成了过去三年的工作量，又一次刷新了小组的生产纪录。

马兵也在2009年获得了集团首届员工职业技能运动会数控车工组第一名的成绩，被授予"数控车工状元"称号。

第二次数控化改造

这是一个奋进的时代，科技的车轮滚滚前行，不断地推动着各行各业向前发展。

2010年，马恒昌小组又从德国引进卧式加工中心和弧齿磨床设备。这套设备的引进，被称为马恒昌小组的第二次数控化改造。

这套设备是加工铣头产品的专用设备。过去使用普通机床加工铣头产品，一头连接铣镗床主轴，另一头由铣头自身主轴带着刀具旋转，和铣镗床主轴需要有一个45°的夹角，这个角度需要根据标尺手动调整，误差比较大。而使用这套新引进的设备加工，由数控系统自动测量尺寸调整角度，数据精确到微米，误差几乎可以忽略不计。另外，过去的磨床因为齿轮咬合面不够贴合，噪声很大。而现在的弧齿磨床齿轮是弧形的，贴合度较好，噪音值控制到了国际标准以内。

马恒昌小组的每一次数控化升级改造，就像一场场"革命"，不仅需要观念的革新，还需要新知识的输入，而这两个过程，每一个都充满了困难。

新设备到位以后，操作者要到德国进行培训。马兵和八名同事一同前往，在和德国专家学习的过程中，语言不通、沟通不畅等问题是他们遇到的最大的难题。

"培训的时候，德国老师给咱们讲课不像咱们老师教学生一样，本来语言就不通，他给你讲一遍，不懂的再去问他的时候，他不是那么太愿意告诉你。"

囫囵半片地学了一个月，马兵和同事们回国，只能从设备的说明书入手再重新自学一遍。说明书是德文说明书，而且涉及很多专业词汇，很难理解和翻译。没办法，没有任何德文基础的马兵和同事们只能买来德文词典，一个单词一个单词地查词典翻译，再去操作机器证实理解得是否准确。最终，马兵用了三个月的时间才掌握这两台高端设备的编程和操作方法。

马兵也曾去一些大厂参观学习，大部分工厂的编程和制作人员分离，编程和对刀由专门的技术人员负责，工人只负责操作设备按钮生产加工即可，这对工人的要求明显降低。而马恒昌小组并不满足于此，为了让这么先进的设备在每个人手里都发挥最大的作用，他们每个人都要变成技术人员，不仅要会操作机器，还要会编程和对刀，保证在关键时刻，每个人都能够独立完成高难度的零件生产任务。

只要是机器设备，就难免出现故障。有一年7月份，天气非常热，这套设备就出现了问题，设备在工作时总会不明原因地停止运行。

"如果机床停了，这个零件做不出来，就会导致生产周期延后，如果拖期的话是要扣违约金的，就会给我们厂带来损失，并会使我们的效益直线下降。"

如果是国产设备还好说，联系厂家技术人员到厂维修就可以了，但这套德国进口的设备出现问题，如果请德国专家来维修，一是费用高，二是时间长。为了确保生产时效，消除一系列的连锁反应，马兵和同事们又硬着头皮自行研究解决。

"我们自己的土专家在一起想办法，快速地找到了原因，原来是温度的测头检测出来的温度和实际的温度不一样，这个测头的温度发生了过高的变化。我们研究想到的办法就是给测头降

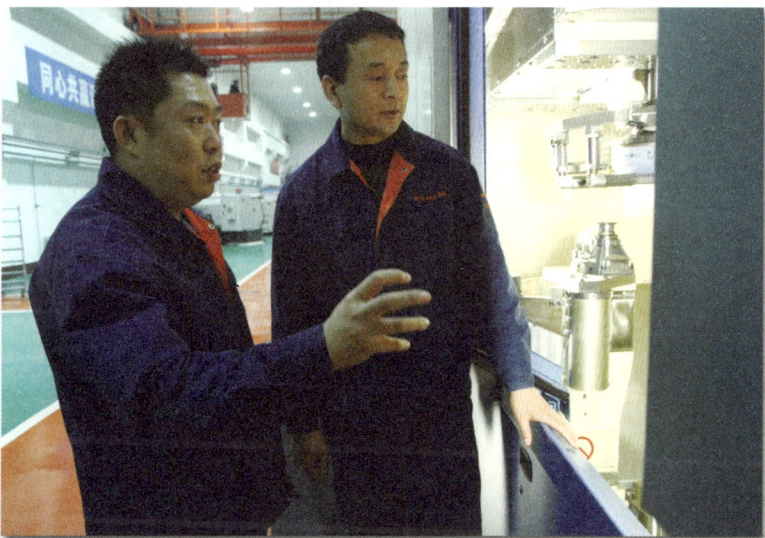

⊙ 上图　2011年，马兵在检测零件精度

⊙ 下图　2011年，马兵（左）在指导组员加工零件

温，降温以后这个机床就不报警了，就可以继续工作了。"

时间长了，设备的一些小毛病，马兵和同事们都能够轻松应对。在这个过程中，遇到困难，大家就一起积极地想办法，不等不靠，主动出击。

马恒昌小组的第一次数控化改造实现了由普通机床向数控机床的转变，第二次数控化改造，则是由数控机床向加工中心转变，小组的服务领域转向更侧重于核心零部件的生产加工以及精密加工。

他山之石

马恒昌小组成员是优中选优，技术技能上肯定过硬，否则也没有资格进入马恒昌小组。但是，小组成员从来没有以此为傲放弃学习，相反，他们一直抱着"不进则退"的心态，不放过任何一个学习的机会。

引进了德国设备，就免不了和德国工程师打交道，马兵也有机会去德国工厂里学习。德国工厂以及德国工人的严谨让马兵赞不绝口："德国的零件，每一个倒角在安装的时候都有用，绝不像我原来认为的只是为了不划手那么简单。"在了解了德国工人的设计理念和加工技术后，马兵更加佩服："他们的操作台上所有的工具都有固定摆放位置，这一方法养成习惯后会加快加工速度"。

让马兵更加感到震撼的是德国工人拧螺丝的一个细节："一个螺丝帽，用手拧到拧不动，再用扳子拧两圈半，是螺丝拉力强度的最佳状态。"拧一个小小的螺丝都需要科学地测量，这种工作态度已经不能仅仅用"认真"两字来形容。

除此之外，让马兵感到惊讶的还有德国工人思考问题的方式。比如，一块钢板需要拧几个螺丝，当他们拧不上时，他们就会把设计师找来，认为这是设计的问题，很大可能是设计师把孔位画错了位置，而中国工人往往首先会怀疑自己。"如果是我们，可能会觉得是不是孔打歪了？是不是扣偏了？我们首先想到的是这些问题。通过和他们学习，我们进步很快。"

在马兵看来，德国工人的严谨还体现在他们对产品近乎挑剔的把关上。有一次，马恒昌小组铸造了一个几十吨的大箱体，上面有一个小气孔，其实并不影响质量，马兵认为用材料堵上即可，不会影响使用，但德国工程师很较真儿，坚持称这样决不能通过验收。

马兵和同事们回国后，立刻参照德国工厂一些可以借鉴的做法，对小组进行了相应改进，效果立竿见影。马恒昌小组这种奋发向上的学习风气，并不是后期才形成的，而是从建组初期就已经出现。

二十世纪七八十年代，马恒昌小组的生产加工能力，可以说在全国领先，但即使如此，马恒昌还是非常注重技术技能的交流。马兵说，前辈们也一直在学习，只不过没有现在这么好的条件。

那时，工业领域有一个号召——"全国工业学大庆"，当时已六十多岁的马恒昌就带着小组组员十下大庆去学习大庆精神、学习先进的技术。马兵后来听前辈们讲,当时的学习条件非常艰苦,马恒昌带队到了大庆之后,并不是走马观花地去一趟铁人纪念馆和1205钻井队参观一下就回来,而是吃住都在工地,和王进喜班组一起生活、一起工作,去近距离地感受他们身上的精神,通过自己的观察去学习经验。

马恒昌和王进喜也因此成了很好的朋友,马恒昌生于1907年,王进喜生于1923年,虽然相差十几岁,但两人志同道合,互勉互励。

除了和优秀班组保持联系、互相学习借鉴之外,马恒昌还经常带领组员去其他工厂进行学习,互通有无。

"他们去江浙、广东一带,进行技术展示,我们精挑丝杠二十多分钟就能干一根,在南方两天才能干一根,而且光洁度和质量都不行。他们去交流学习,手把手地都给他们教会了,让自身优秀技术走出去,把外面的先进技术带回来。"

现在的马恒昌小组继续发扬前辈们的这种学习精神,不仅和大庆1205钻井队等优秀班组保持着密切联系,也会不断地去学习工业领域的前沿技术。

"全国有四个基层班组一直保持联系,都是当年毛主席选出的先进班组。有北京丰台的'毛泽东号'机车组、青岛的郝建秀小组、大庆的1205钻井队,还有我们马恒昌小组。保持联系的也包括新时期中华全国总工会树立的先进班组,像天津孔祥瑞的、铁路窦铁成的,我们都很熟悉,大家在一起互相交流好的经验和做法,互相学习。"

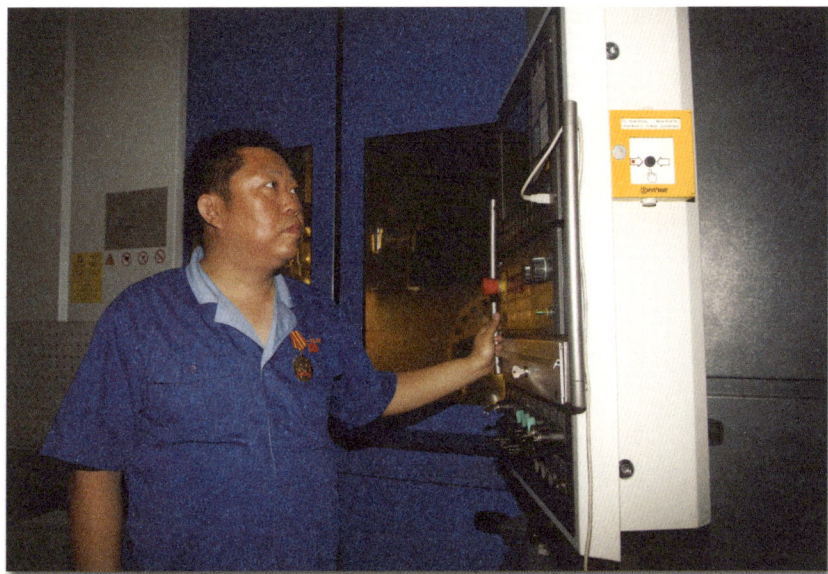

⊙ 2015年，马兵在学习操作进口设备

马兵重走祖父走过的路,在2012年、2016年和2018年,三次带队到大庆交流学习。每次去大庆,他和组员都会在大庆待上几天,早上起早和大庆1205钻井队工人一起工作,中午和他们一起交流学习。马兵说,虽然工作性质不同,但在工作方法上有很多是可以借鉴的:"比如安全方面,包括钻油、钻井等各个方面的知识。同时也学习他们的'三老四严'的工作方法。"

2021年,齐二机床党委也组织了部分基层党支部书记,再一次走进大庆铁人纪念馆、走进1205钻井队,去感受大庆精神,感受铁人精神。

齐二机床也非常重视工人们技术技能的提升:厂里时常给职工订购专业书籍,马兵刚到马恒昌小组时,就赶上公司新买了一批工具书,包括车工、铣工、镗工等技术指导类书籍,还包括机械制图、加工技巧、公差与配合等书籍;公司还针对不同工种开展各类培训班,把高级工程师或者刀具服务厂家技术人员请到小组讲课,比如邀请发那克系统、西门子系统等厂家高级工程师,对职工进行现场或网络辅导;公司成立职工高中学习班提升职工学历;马恒昌小组骨干成员也曾自费两千多元购置技术书籍,建立了图书室和资料室,为组员创造学习条件……对于学习的重要性,马兵深有体会,原本他只是技校毕业,刚参加工作的时候,就参加了公司组织的高中学习班,才取得了高中学历,日后才有机会参加成人高考,取得更高的文凭。

当今社会,科学技术发展日新月异,马兵坚信,只有多学、多看,在工作中遇到困难时才能够举重若轻,迎刃而解。

⊙ 上图　1976年7月，马恒昌（前排左二）带领技协服务队到大连造船厂帮助解决技术难题

⊙ 下图　马恒昌（左二）善于把外地经验带回工厂，传授给同事，成为传播先进技术的使者

第三次数控化改造

2016年11月3日，在中国文昌航天发射场，我国新一代大型运载火箭"长征五号"首次成功发射，无数国人为之欢呼。

这次发射成功代表着当时我国运载火箭技术的最高水平，标志着我国运载火箭实现升级换代，运载能力进入国际先进行列，是由航天大国迈向航天强国的关键一步。

当这个举世震惊的消息传来，齐二机床以及马恒昌小组也随之沸腾了！

齐二机床之所以能够完成这次发射中的一些重要加工任务，很大原因是2015年马恒昌小组进行了第三次数控化改造——从德国和西班牙引进4台套国际先进设备。之前的马恒昌小组就拥有7台套国内领先设备，属于精加工班组，承担着厂里蜗杆、刀杆、齿轮等部分关键件的精加工。第三次数控化改造之后，马恒昌小组成为加工中心，被打造成核心零部件加工班组，承担着全厂主导产品核心部件的生产重任。

"马恒昌小组现在承担的都是企业的主导产品，如数控落地铣镗床、数控立卧车床、一些专用机床及多工位压力机等核心关键零部件的加工任务。"马兵凝重地说，和祖父那个时代不同，现在的装备制造业已进入到"量身定制"时代，产品个性化更强了，技术含量更高了，每次任务都像闯关一样，完成任务靠的不仅是努力，还要靠智慧和创新。

所以，并不是拥有了先进的设备，做任何产品都能游刃有余。齐二机床生产的环缝总装焊接系统为国内首台首套，设备的制造规模、复杂程度以及精度要求等方面，对于公司来说都属于极限挑战，这无疑是一次更为严峻的考验。

"这个任务要求我们实现边旋转边焊接，难度十分大。零部件都是非标准件，就连检验部件都需要重新制作。"时隔多年，马兵仍然清晰地记得当时加工的难度。

这项任务中，传动丝杠和丝母是焊接系统的关键零件，它们的精度决定了整台设备运行的同步精度。一台焊接系统需要十几种丝杠丝母，每一种丝杠丝母的加工数量为五十余套，加工要求300毫米长的丝杠累积误差以微米计算，并且必须保证同一种丝杠丝母的一致性。尤其是焊接系统所使用的材料都是特种合金材料，硬度非常高，而且丝杠丝母的螺距都是非标准的，这又给加工和测量增加了很大的难度。

在这个关键时刻，马兵再一次主动请缨，带领小组成员承担了焊接系统全部丝杠丝母的加工任务。

航天设备使用的特种合金材料硬度比平时使用的合金刀具还要高，马兵和小组成员查阅了大量资料，对特种金属的特性和加工中的注意事项以及刀具的选择做了大量的对比试验，最后选出了性能可靠的合金刀具和适合的加工工艺。

在加工过程中，所有零件的精度要求都是极限的，很多零件的精度都以微米计算，而且要精确到小数点之后两到三位数。为此，针对产品零件形状的特殊性、精度的高标准，小组自制了三十余种加工零件所需的工装和夹具，以保证达到图纸设计的要求。

丝杠丝母的螺距都是非标准的，在加工完成后没有适合的检测样板，马兵和同事们将新技术和老办法一起用，通过反复试验自制了环规、样柱等检测工具，并用三坐标测量仪同步检测。事实证明，马恒昌小组所加工的零件完全符合图纸设计要求。

马恒昌小组加工的近千套丝杠丝母无一废品，按期交付，为环缝总装焊接系统的成功研制做出了重要贡献。

"为了完成这个加工任务，可以说贡献了齐二机床全体人员的智慧，在看到'长征五号'升空的时候，我深刻地感受到了大国工匠的意义。"马兵自豪地说。

马兵的徒弟李梁1989年出生，是最年轻的组员，他也参与了这个任务，回忆起"长征五号"首次成功发射，李梁也说："那一刻我感受到了大国工匠的意义，我也愿意像我师傅那样，像所有马恒昌小组的成员那样，不断学习，不断创新，勇挑重担，真正地挺起大国的脊梁。"

2021年，齐二机床又新建了"精密制造车间"，车间里引进的先进设备代表了齐二机床的精密制造能力。而这个车间和这些设备都交给了马恒昌小组操作使用，马兵说，这是公司对"马组"的信任，同时也是一份特殊的荣誉。

⊙ 上图 马恒昌小组数控化改造后的工作车间

⊙ 下图 2014年，马兵（右二）在向组员介绍零件质量检测注意事项

　　"我们将在公司的带领下，坚定不移地服务国家战略，着力走'专精特新'的高质量发展道路，为提升我国相关行业的产业基础能力和产业链现代化水平做出贡献。"

　　马恒昌小组逐步引进高端数控加工机床，目前小组由镗工、数控铣工、磨工、数控制齿工等多工种组成，随着公司生产的产品向高精、高速、高智能化方向发展，小组又提出了更高的要求，不断提升加工关键零件的能力，承担更重要的核心零件加工任务。

第七章　方今·传承

当选第十八任组长

2007年，齐齐哈尔市劳动模范。

2009年，黑龙江省劳动模范。

2010年，马兵凭借不懈努力，又获得了和祖父一样的荣耀——"全国劳动模范"称号。

劳动模范，不仅仅是一个称号、一种荣誉，更是一种精神。当全国劳模奖章挂在胸前，马兵的耳畔又一次响起马恒昌小组劳模前辈们掷地有声的教诲。

中华人民共和国第一批全国劳模之一马恒昌对接任者说："喊破嗓子，不如做出样子。要想当好头，就得带好头。"

第十三任组长全国劳模马江林对后辈们说："我们马恒昌小组的组员要经得起挫折、经得起成功，也必须经得起批评，前进的路上不反骄破满，早晚要摔跤，一定要把小组的好作风和好经验接过来，传下去。"

第十七任组长全国劳模孙普选对组员说："马恒昌小组要勇敢地面对困难，无论在任何形势下，都要做好全国工业战线的排头兵班组。"

2012年2月，马兵当选为马恒昌小组第十八任组长，祖父手中的接力棒经过历任组长的传递，传到了他的手里。

如今，马恒昌小组的生产设备和技术，已经远远超过20世纪50年代的水平。虽然祖孙两代人所处的时代不同，但在他们身上流淌着共同的精神血液。

"我从前任组长手中接过这根接力棒后，感觉肩上沉甸甸的，责任重大，也正是这份沉甸甸的责任，驱使我要想方设法把这个队伍带好，让小组勇攀高峰，让马恒昌小组精神代代相传。"

马兵当选组长后，肩上的责任更重了，他也意识到只在意业务技能的提升，已经不能满足当前工作的需要。如何与时俱进推陈出新，如何掌握更先进的技术技能，如何让先进的技术技能在工业领域普及，成为马兵经常思考的问题。

"当上组长后，我接触了很多，不只是业务问题，还有小组的历史，包括我们现在在做什么和未来的发展，以及怎样正确引导年轻人等，都是我需要考虑的问题。"

能进入马恒昌小组的职工，都是精挑细选的，业务能力肯定没的说。马兵做了组长之后，越来越觉得，除了技能，沟通能力也至关重要。在他看来，技能是基础，而沟通能力则是打开与外界交流之门的钥匙，这样才能更好走出去、带回来。

马兵第一个要解决的问题就是提高自己的表达能力，他认为作为组长，要时常在各种场合讲话，而讲话内容不能像自己还是普通工人时那样，只停留在介绍业务流程和方法的层面，还要有思想、有深度、有格局，这样才能更好地宣传和发扬马恒昌小组

⊙ 上图　2010年，马兵在北京参加全国劳动模范和先进工作者表彰大会

⊙ 下图　2018年，马兵（左一）参加中国工会第十七次全国代表大会，在车上接受中国工人杂志社记者采访

精神。

"我们小组，来采访的记者比较多，开始的时候，我发现了自己的欠缺，那个时候很羡慕我的前任组长，他能滔滔不绝地讲话，我觉得提高表达能力，要多看书。"

马兵从深入了解国家关于工人阶级的论述着手，关注国家大政方针。另外，他平时有时间就会多看书，对于历史、文学、时事都有所涉猎。

"以前我们有个领导说，在马恒昌小组培养一个组长比培养一个处级干部都难，因为工人文化水平比较低，能干活儿但是不会表达，说不出来，做组长还得善于表达自己的思想。"

所以，马兵不仅注重自己表达能力方面的提升，也提醒组员加以重视，要求组员清楚地了解马恒昌小组的历史、现状，以及小组下一步的发展规划。他还时常就小组发展规划和小组成员一起讨论，让大家畅所欲言，先在内部逐渐打消组员们的心理障碍。

"现在有一些采访，我也能够讲出来，我要锻炼我的组员，不能每一次来媒体的记者都是我上去说，我要求每一个组员都能够说出来，让他们多接触，因为我也是这么过来的。"

作为组长，马兵最重要的任务就是带领组员共同成长。马兵认为，在这种注重技能、注重经验的行业，除了师傅要将经验悉数传授之外，徒弟的悟性也很重要。"车工的活儿有时候觉得很难，其实就隔着一层窗户纸，捅破了就豁然开朗，没捅破，想几天几个月也想不明白。"马兵说悟性并不仅仅是指聪明，还要在

⊙ 2014年，马恒昌小组组员利用工余时间进行"自我充电"

实践中不断地锻炼。

刚进厂参加工作的新职工，掌握的只是书本上的理论知识，而理论知识常常是理想化或片面化的。这个时候，师傅就要发挥作用了，师傅要教会徒弟解决问题的方法，包括看准图纸、磨好刀具、弄懂工艺等各种细节。而且，马兵会不时地抽查，看看徒弟们掌握得到底怎么样，让这些经验真正变成他们根深蒂固的手艺。

马兵还坚持让徒弟们养成不懂就问的习惯，也知会师傅们，徒弟有疑问一定要耐心解答，不要让徒弟们产生不敢开口、羞于开口的心理。

"徒弟有什么问题，一定要把它说出来，不懂一定要及时去问，一定不能自己在那儿憋着。有的时候，师傅给讲了，不一定能讲到他所想要了解的那一块儿，晚上回去以后思考，今天师傅都给讲什么了，理解的程度是什么样子，还有哪块儿不是很清楚。第二天上班之后，再继续问师傅，要有这种态度，积极地把问题都解决掉。"

马兵这种培养组员的方式虽然简单，但卓有成效。通过这种方法，最大程度地发挥了徒弟们的主观能动性，也最大程度地让师傅们把自己半生的经验直接而快速地传授给了徒弟，让集体共同进步，让每个组员在关键时刻都不掉链子，都能够独当一面。

除了让所有组员在技能上快速提升，马兵还经常告诉他们，要结合自己的岗位特点和工作职责，设定短期和长期目标，并且规划如何实现目标。

马兵之所以这么做，是因为他知道，七十多年来，马恒昌小组之所以一直是全国著名班组，并不是凭借某一个人的力量，而是靠勠力同心、众志成城的集体的力量。

"在担任马恒昌小组组长的这些年，激励我一直努力工作的动力有很多，但是主要有三点：第一是我认为劳动者是最光荣的；第二是马恒昌小组精神一直在激励着我，要像爷爷那样去工作；第三是马恒昌小组是全国工业战线上的一面旗帜，让旗帜高高飘扬，是我义不容辞的责任。"

慷慨激昂的话语，就像那山巅飘扬的旗帜，世代传承……

创新就是责任心

习近平总书记曾在多个场合提到高技能人才、大国工匠、工匠精神，他强调："当代工人不仅要有力量，还要有智慧、有技术，能发明、会创新，以实际行动奏响时代主旋律。"马兵担任马恒昌小组组长之后，也一直在深入思考，如何用实际行动将习近平总书记的指示在基层贯彻落实下去。他要把马恒昌小组打造成一支有理想守信念、懂技术会创新、敢担当讲奉献的现代产业队伍。

马兵首先思考的是要把前辈们留下的理想信念传承下去。每当有新职工入厂，都会有专人把他们带到马恒昌小组展览馆参观，去了解在那段吃不饱、穿不暖的艰苦岁月中，工人是如何坚定信念、克服困难出色完成任务的。

"遇到艰巨的生产任务，有时我也会抱怨，为什么难的活儿总交给我干？但是，一抬头，就能看到厂区正前方挂着的爷爷和毛主席握手的照片。"马兵坚定地接着说，"我要在各个方面做出表率，因为我是马恒昌的孙子，不能给爷爷丢脸！"

在日常工作中，马兵看到有些年轻人缺乏理想，没有带着感情去工作，甚至根本就不珍惜眼前的工作，马兵就经常给他们讲马恒昌、讲前辈们的故事，让他们感受前辈们的工匠精神，引导他们树立自己的理想。

"就像我们开展劳动竞赛一样，大家都小跑着上厕所，即使生病了也坚守在工作岗位，师傅要给徒弟们起模范带头作用，严格要求自己再带动别人，这都是理想信念在支撑。"

马兵非常重视师傅的作用，师傅不仅要教徒弟做事，更重要的是教徒弟做人。师傅在各个方面首先要做到位，再去言传身教潜移默化地影响徒弟，形成良性循环，让马恒昌小组精神生生不息地传递。

如果说理想信念是支柱，技术技能是工具，那么创新则是一个企业或者一个人源源不断向前发展的动能。七十多年来，马恒昌小组一直没有放弃技术革新的脚步，新老技术融合，扬长而避短。

马兵也深谙这一道理。

过去，马恒昌创立了挑蜗杆、挑丝杠两项工作的技术方法，

⊙ 2014年，马兵（右一）在向组员介绍马恒昌小组光荣历史

在很长一段时间内，小组成员一直在使用老组长创立的这个传统方法。技术被逐步改进之后，马兵和小组成员将刀具进行了升级，对刀具转数和走刀数量进行了提升，将老技术的效能发挥到了最大。

当马恒昌小组引进数控机床之后，马兵发现，即使是升级后的老技术很大程度上也很难再适应生产加工的需要。马兵带领组员经过多次试验，改变了原来的加工方法。

"以前精挑丝杠，我们采用分刀的方法进行挑，但是由于每一次磨刀，刀具的宽度都是用手工磨出来的，这个宽度都不一致，而且在加工的时候，刀具由于受力不均匀，容易被打掉，所以我们把刀具换成了不重磨的刀具，它是通过机床磨出来的，角度非常精准，配合数控机床，上刀、退刀、走刀的速度，都在不断地加快，这样使我们的加工速度更快。"

刀具改变之后，生产效率立竿见影得到提高。过去使用普通刀具加工蜗杆和轴套，一天只能生产一个，不仅速度慢，而且光洁度和质量都不理想。在数控机床上使用创新后的刀具，如虎添翼，一天能生产2个，角度和螺距误差也更小，质量得到了很大的提升。

2016年，马兵在公司的支持下，创建了"马兵示范性技能人才（劳模）创新工作室"，激励和引领职工在各自岗位上进行创造性工作。创新工作室以马恒昌小组为依托，以提升公司主导产品关键件加工质量、加工效率为重点，承担公司数控铣镗床、数控立卧车床、机械压力机等拳头产品和铝锭铣、铺丝机、铺带机、缠绕机等大型专机产品核心部件精加工任务。

最近几年，马兵带领创新工作室成员和小组组员，多次进行"头脑风暴"，集思广益，攻克了许多生产加工难题，对公司多种产品的关键零部件进行技术革新，解决了镗轴锥孔磨削难题、滑枕导轨精磨精度稳定性难题等多项长期的瓶颈问题。

"创新，其实并不需要太大的智慧和学问，最主要的是有对工作的责任心，只要肯动脑筋想办法，创新并没有那么难。我们在工作中遇到光洁度不好的问题，车间工人就一起想办法解决，就用普通的毛刷和砂纸打磨，光洁度马上就上来了，很简单的小办法，这就是创新！"

马恒昌小组曾经的一个组员，名叫赵刚，是一名铣工，铣工这个工种在生产零件时是很耗费刀片的。每个刀片上有四个尖，四个尖用完之后，刀片就报废了。赵刚就想，怎样才能让刀片的使用寿命更长呢？他就研究了一个磨刀装置，直接把这个装置安装到机床导轨上，刀尖磨损到不能使用时，不用卸下刀片，直接滑到磨刀装置旁边卡准位置，启动装置砂轮即自动磨刀。

"全厂那么多刀片，磨完还能多干好几个活儿，能够继续创造价值，给厂里节约了资源，还获得了海峡两岸职工创新展一等奖，这就是创新！"

创新工作室发展到2022年，共有成员19人，其中高级工程师7人，高级技师1人，本科学历14人，平均年龄41.2岁。目前，马兵主持的创新工作室成果初步显现，共完成重点攻关项目20余项，2021年申请专利4项，获省级成果奖7项，市级成果奖2项，与北京精机股份有限公司共同完成了国家科技重大专项课题，并取得了圆满成功。

其中，"高速数控龙门系列铝锭复合加工生产线"荣获省科技进步二等奖，"数控龙门移动五轴联动车铣复合加工机床"分别获得省三等奖和市科技进步一等奖，两个产品均已实现科技成果商品化转化，每年创效几千万元；"高精度重型卧车主轴箱"获得实用新型专利，每年为企业创效一千余万元。

在马兵的影响和带动下，公司先后涌现出"王长新班组""张静海班组""康健班组"等以个人名字命名的先进班组。

面对马恒昌小组，马兵心中感慨万千，他作为祖父一手创立的全国著名班组第十八任组长，站在了祖父当年为之奋斗一生的岗位上，这是责任和使命的传承。

"我是马恒昌的孙子，我的一言一行、一举一动，其他人都看在眼里，也会不自觉地把我和我爷爷马恒昌相比较。所以，我一定要用行动来证明我并不比爷爷差，一定会将马恒昌小组的光荣传统一代代传递下去。"

祖父的接力棒经过一任任组长的传递，如今到了马兵手里，他将像祖父一样、像其他组长一样，踔厉奋发，跑好自己这一程……

⊙ 马兵（左）在和组员探讨技术难题

组长的忧虑

马恒昌小组现有组员10人，每个组员都是各个工种的拔尖人才，平均年龄在40岁。马兵做了组长之后，更加关注队伍的建设问题。

"现在厂子缺乏年轻人，只有好的设计团队，没有人干活儿也不行，缺口太大了。"马兵遗憾地说。

据人力资源和社会保障部发布的消息，2022年三季度全国"最缺工"的100个职业排行中，"车工"位列前十。年轻人有活力，有新的思想，年轻人是未来的希望。可是，由于待遇低、干活儿累等原因，年轻人不再愿意进入工厂工作。齐二机床有自己的附属技校，最近几年也面临着招生难的问题。

"招学生得去偏远农村，近郊的都不愿意进工厂。我在开会时也和领导反映过，希望年轻人能进我们厂感受一下，如果给他们动力，能够让他们看到目标，他们一定能把工作做好。另外，农村学生上技校免学费，我还提过，城市户口的孩子也应该享受这种待遇，只要想上技工类院校，都应该免收学费，这样还能有一部分人进入工厂。"

当然，即便有一些年轻人愿意进入工厂工作，但培养过程需要很长时间，在漫长的学习过程中，真正坚持下来的年轻人也不多，很多人中途就选择了放弃。在马兵看来，年轻人需要鼓励，需要给他试错的机会。

"就像我徒弟，1989年出生的，现在是最年轻的组员，十八岁就进工厂了，我们和德国人合作干活儿，他说'我干不了'，我说'没事，咱们一起研究'。第一次没成功，第二次换种方法就干成了，等我们厂开科技大会的时候，他还得了科技进步奖。年轻人需要鼓励，不能做错了就批评。"

当技术性人才日渐缺乏，就会影响制造行业的发展，甚至导致这些制造行业面临危机。

"我们厂职工有的被挖走了，客户到这儿买机床，一打听知道谁干活儿最好，就开始和你聊天，问一个月挣多少钱呀，说挣五千，就说你上我那儿给你一万，还给家属和孩子安排工作和上学，免费提供房子。"

马兵说，齐二机床特别是马恒昌小组的职工，在技术技能上有着先天的优势。与其他大部分工厂不同，他们的职工并不是流水线加工，而是每个成手基本都能从图纸到毛坯再到成品，完成整个加工过程。所以，他们更容易被挖走。

虽然要解决这些问题需要政府政策的支持，需要工厂体制的革新，需要社会观念的改变……这是一个漫长复杂的过程，不能急于一时，但马兵有时也会感到压力很大，他希望祖父的精神能够一直延续下去，他时常提醒自己：小组建组七十多年了，一定要把它带好。作为组长，他认为不仅仅要帮助大家提升技术技能，还要从身边的点点滴滴去影响自己的组员。

每当有新进厂的组员，马兵就会向他们介绍老一辈工人的故事，他们在工厂遇到困境的情况下，仍然能够视厂如家，爱岗敬业，无私奉献。马兵要告诉大家的是，要坚定理想信念，要把前辈们的精神传承下去。

"前辈们做得很好，带动我们厂走过最艰难的岁月，现在那么困难的生产环境不会有了，我们更应该通过自己的努力让公司更加辉煌。老组员讲，他们在小组哭过、闹过、烦心过，但是一代一代组员坚持下来，靠的就是坚定的理想信念！"

每当组员遇到大事小情，马兵都会热心地去与组员谈心，如果组员遇到了难以解决的困难，他都会尽力帮助。这些年，他也给自己定下了五个"必访"：组员有困难必访，婚丧事必访，家庭纠纷必访，组员患病必访，冬夏换季必访。马兵要告诉大家的是，他们是一个集体，这个集体以人为本。

"早晨来一看组员状态不好，就关心询问是不是有什么事情。如果有事，别给安排复杂的活儿，平时多和他们沟通，能做的尽量帮忙。"

每当组员们聚集在一起，或是攻坚克难商讨对策，或是休闲小聚畅谈小饮，马兵都在竭力维护大家的团结和氛围的融洽。马兵说，作为一线工人，团结可以让大家有愉悦的心情，团结可以让大家在遇到急难重的任务时，其利断金。马兵要告诉大家的是，团结能够产生不可想象的力量。

"马恒昌小组有一个特别好的传统，就是每年在4月28日小组

⊙ 上图 马兵（右二）在和组员一起研究图纸

⊙ 下图 2012年，在马恒昌诞辰之际，马恒昌小组组员和部分青年职工
　　　向马恒昌雕像宣誓

生日这一天，召开新老组员座谈会，大家坐在一起讲讲故事、聊聊天，其乐融融。大家的集体荣誉感提升了，小组的凝聚力加强了，干活儿的精神头儿就更足了。"

每当公司开展竞赛活动，马兵不仅自己参加，还鼓励和组织小组组员积极参与。每年齐二机床会评选立功人员，因为名额有限，马兵多次主动让出名额推荐组员。他经常告诫自己：当组长就得有谦让和奉献精神，没有这种精神，就别当组长。

马兵的良苦用心，是在告诉大家，马恒昌小组精神的传承，需要所有组员去添砖加瓦，呵护铸就！

代表之路

马兵的祖父和父亲都是中共党员。

2005年8月，马兵凭借着较高的政治觉悟和优异的工作成绩，也光荣地加入了中国共产党。

对共产党的认识，马兵从小就耳濡目染。在马兵小的时候，父亲经常给他讲祖父马恒昌的故事，父亲常说的一句话 ——"你爷爷的命是党救的"，一直深深印刻在马兵的脑海中。

1948年12月，中国共产党领导下的解放军解放沈阳后做的第一件事情就是打开粮仓分粮食。父亲告诉马兵，1948年，沈阳地区春旱严重，存活的秧苗本来就不多，入夏之后又遭了虫灾，剩余的庄稼被害虫吃掉，粮食几乎颗粒未收。马恒昌，一个四十多岁的汉子竟跑到田边的壕沟旁，号啕大哭起来。眼泪洗不掉内心的无奈，痛苦带不走内心的无助。

就在家里的余粮所剩无几时，1948年11月2日，沈阳解放，马兵的父亲马春忠说，如果沈阳再晚解放八到十天的话，他们一家人就会饿死。正在这个危难时刻，共产党领导下的解放军解放了沈阳，发放了粮食，百姓才幸免于难。

也正是这个原因，马恒昌在接下来的工作中，坚决跟着共产党走，报答共产党的恩情，为建设新中国、新社会贡献了自己的全部力量。马恒昌任组长时，也是这样要求组员的，他告诉组员，要永远跟党走，保质保量完成各项生产任务。这项要求也一直是马恒昌小组的传统。

"在我们马恒昌小组，每个党员都发挥着带头作用，每天早来晚走，保质保量完成生产任务的同时，也关心身边的群众有什么困难，积极地去帮助，这对我也有一个很大的触动。所以，我一定坚持发挥党员先锋模范带头作用，团结带领广大职工，坚持做好本职工作，为振兴东北老工业基地贡献一份力量。"

2007年，马兵当选为齐齐哈尔市人大代表，他心里明白，这不仅是一种荣誉，更意味着一种责任。

"那之前我什么都不懂，搞不清人大代表是做什么的。听完报告讲体会时，我也说不了太多，现在让我说，我知道是做什么的了。常委会委员每两个月召开一次会议，代表要发表意见，所以我要学习，要不然别人说什么都不知道。"

从此，马兵更加忙碌了，压力也陡然增加。各种会议多了起来，公司还有生产任务，他就常常白天参加会议，晚上回到岗位，把白天落下的生产任务补上。

"因为我们的生产任务，是一个萝卜一个坑儿，如果你走了没回来，你的生产任务就要平均分配到其他人身上，别人已经都尽了最大努力，如果再加活儿，这不公平。"

马兵说，当选人大代表，并不代表可以脱离生产，这也是马恒昌小组建组以来的传统。随着参加的会议越来越多，从最初的不懂到逐渐地参与，马兵常常因其他代表说的某个观点而豁然开朗，他也会把新的理念和做法引进马恒昌小组，在实践中尝试。

2012年11月，马兵作为黑龙江省党员代表参加了中国共产党第十八次全国代表大会，他知道了一个新的名词"新型工业化"，就是科技含量高、资源消耗低、环境污染少、经济效益好的工业化，而这正是马恒昌小组数控化改造一直在努力的方向。

2017年10月，马兵又参加了中国共产党第十九次全国代表大会，他看到"劳模精神"和"工匠精神"被写进党的十九大报告，而这两种精神也正是马恒昌小组一代一代成员奋力追求和坚持传承的精神。

"在北京参加会议的那几天，我就一直在想，我一个普通工人，为啥能够两次代表一线技术工人参加党的全国代表大会，细细想来，就是赶上了我们国家尊重劳动、尊重创造、尊重人才的好时代。我之所以能够从一名普通工人成为一名掌握数控技能的现代产业工人，其实就是知识改变命运，技能成就未来。"

⊙ 上图　2018年10月，马兵参加中国工会第十七次全国代表大会，在黑龙江代表团会议上发言

⊙ 下图　2017年10月，马兵在人民大会堂参加中国共产党第十九次全国代表大会

参加完党的第十九次全国代表大会，马兵回来后一刻都没闲着，参加车间班组座谈会、企业党委理论中心组专题学习会，到市人大、市总工会和基层一线车间参加宣讲团宣讲等，第一时间把会议精神及时传递给广大干部群众。

他告诉大家，齐二机床以及马恒昌小组正在不断地向着智能化的方向发展，国家也给技术工人指明了明确的方向，在这个过程中，唯有不断地学习，掌握新技术、新技能，技术工人才能与公司发展的需求匹配，才能与国家发展需要方向一致。

"党的十九大报告中提出要'建设知识型、技能型、创新型劳动者大军，弘扬劳模精神和工匠精神'。我们要把马恒昌小组不断学习、不断创新的精神传承下去，使更多的人成长为响当当的大国工匠。"听了这些话，马恒昌小组的成员非常振奋。

作为劳模宣讲团成员，马兵还参加了黑龙江省总工会开展的"十九大代表进企业、进车间、进班组"宣讲活动，先后到哈尔滨、大庆、绥化、齐齐哈尔4个城市，哈电集团、大庆沃尔沃汽车制造有限公司、绥化电厂、中车齐齐哈尔交通装备有限公司等20余家企事业单位和72个班组进行宣讲，宣讲次数近百场，观众人数近万人，通过深入基层面对面交流，让职工群众真正理解了党的十九大报告的内涵。

2021年7月，马兵参加庆祝中国共产党成立100周年大会，他身着蓝色工装，佩戴着沉甸甸的全国劳动模范奖章，捧着全班组的兄弟与"爷爷"的合照，见证了这一伟大的时刻。

2022年5月，马兵参加黑龙江省第十三次党代会，他分享了马

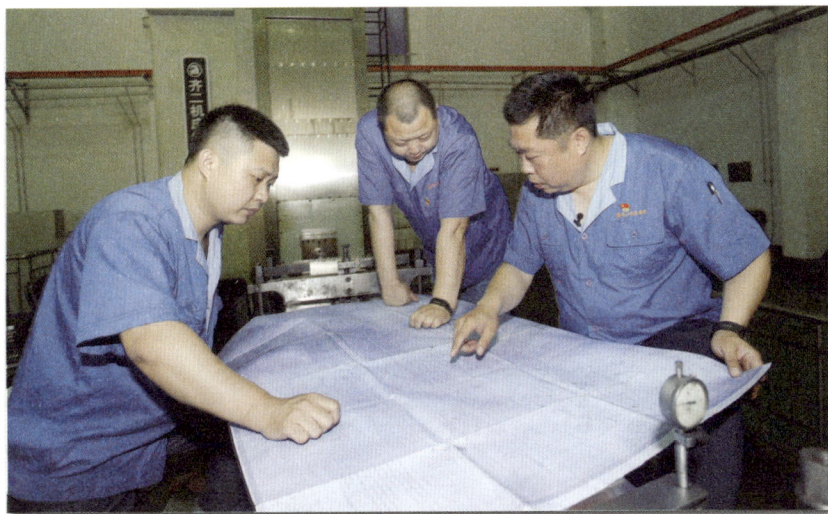

⊙ 马兵（右一）在和组员一起研究图纸

恒昌小组的往事，特别是祖父留下的那句"喊破嗓子，不如做出样子"，引起与会代表强烈的共鸣。

　　每次演讲，马兵都会用一句话收尾："新时代，技术工人大有可为！"他希望能真正发挥一名党员、一名劳模的先锋模范作用，把马恒昌小组建设成为工业领域的一面旗帜，培养出更多、更优秀的"大国工匠"！

结束语

2016年，黑龙江省地方志将马恒昌小组精神诠释为：胸怀全局、艰苦奋斗的精神，奋发进取、开拓创新的精神，团结协作、无私奉献的精神。

新时代，马恒昌小组精神升华为：始终牢记初心使命、坚定不移地服务国家战略的爱国主义精神，有关必攻、敢为人先的创新精神，拼搏进取、百折不挠的奋斗精神，爱岗敬业、专注执着、精益求精的"工匠精神"。

作为马恒昌小组第十八任组长，马兵肩负的使命任重而道远……